MILET LANGUAGE LEARNING

Starting
Turkish

ORHAN DOĞAN

ILLUSTRATED BY ANNA WILMAN

MILET

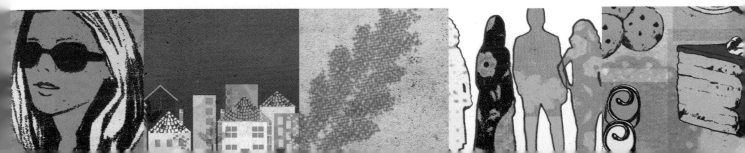

Starting
Turkish

Milet Publishing
333 North Michigan Avenue
Suite 530
Chicago, IL 60601
info@milet.com
www.milet.com

Starting Turkish
Written by Orhan Doğan
Illustrated by Anna Wilman

Editors: Sedat Turhan, Nazmiye Doğan

First published by Milet Publishing, LLC in 2006

ISBN-13: 978 1 84059 497 3
ISBN-10: 1 84059 497 7

Printed and bound in China by Compass Press

Please see our website **www.milet.com** for more titles in the
Milet Language Learning series and for our range of bilingual books.

Contents

 # Introduction

Starting Turkish is a stimulating and supportive introduction to Turkish language. It focuses on the language you need to cope with everyday situations (getting around, making arrangements, interacting with people, etc.). In particular, you will practise understanding spoken Turkish and speaking Turkish yourself. This course is ideal if you live in or want to visit Turkey or do business with Turkish speakers.

What is in the course

Starting Turkish consists of book and a CD. The book is in 12 units, with each unit in 3 sections. Each section focuses on a key objective (*Meeting people*, *Applying for a job*, etc.).

The book contains

- dialogues to introduce and practise new language in a practical context
- grammar boxes to explain and give examples of language rules
- tips on culture and language, with particular focus on Turkey
- 3 *Review* sections, after Units 4, 8 and 12, to test you on the language you have just learned

The CD contains

- a recorded version of the main sentences and phrases for each section, with the opportunity to repeat them all
- a listening activity per unit, to test your understanding

How to use the course

- Read a dialogue. First, try to understand it generally – don't worry about all the details. Try to summarise what it's about in your own language.
- Read it again. This time, try to understand the details. Use the grammar box to help you. Try to work out any words you don't know. (Then, if necessary, look up words in a dictionary.)
- Write down any new words with a translation. Also keep a list of useful phrases.
- Read the grammar point and look for examples of it in the dialogue.
- Read the tip box. Add any useful phrases here to your list.

- Then listen to the recording. You will see a prompt for this in the book:

  You can follow the text of the recording in the Transcript section on pp. 89–93. Repeat each sentence after you hear it to improve your fluency and pronunciation. Play the recording as many times as you like.
- Do the exercises to test your understanding.
- After Units 4, 8 and 12, do the Review section to test your progress.

Learning strategies

When to learn
You will learn most effectively if you study regularly. Doing a little Turkish every day or a few times a week is better than one long session just once a week.

Set yourself objectives
To learn successfully, you need to decide what you want to achieve, e.g. *buy things in a shop* or *practise the present continuous tense*, etc. Make a short list before you start each session. At the end of your session, check through the list. Can you now do all the things?

It is important to keep revising vocabulary and structures from earlier units as you go along. Include this in your objectives.

Learning vocabulary
The *Wordlist* at the back of the book lists all the most important vocabulary in the course. It is designed so that you can write in translations in your own language. Use the *Wordlist* to test yourself: cover up one language and see if you can remember each word in the other language.

Coping with words you don't know
- Look at the context (the situation) – what is the word likely to mean?
- Does the word look like a word in your own language?
- Does the word look like another word in Turkish that you know? (e.g. if you know *mutlu*, you can work out *mutluluk*)
- Think about the grammar: is the word a noun, a verb, an adjective?

Further support

Starting Turkish is designed so that you can use it to learn Turkish on your own or in a class. If you are learning at home, it can help to learn **with a friend**. You can test each other and practise the dialogues together – it can be more fun and easier to keep learning if you have someone else doing it with you.

Starting Turkish has a Grammar section, summarising all the grammar in the book. If you are interested, you might also want to buy a more detailed **grammar book**. This will give you more information on the grammar covered in *Starting Turkish* and more examples. Some grammar books also contain exercises on particular grammar points, if you want further practice.

It is also a good idea to get and use a good **dictionary**. *Starting Turkish* gives you the language you need to use in a wide range of practical situations; you can use your dictionary to expand your Turkish with more details relevant to you.

What next?

- If you're learning on your own or with a friend, think about joining a language class to get more opportunity to practise.

- If you can, listen to Turkish radio and watch Turkish television. You can learn a lot from familiar programme formats, such as the news, weather forecasts and quizzes/game shows. Check out Turkish-language versions of your favourite websites. Read Turkish newspapers and magazines to expand your vocabulary (these often have useful websites you can access too).

- Talk to Turkish-speaking friends and colleagues as much as possible, and if you visit or live in Turkey, use every opportunity to practise your Turkish when you are out and about.

Meeting people

- Asking your name and giving my name
- Asking how you are and saying how I am
- Saying hello and goodbye

Merhaba! Ben Patty.

Merhaba! Ben Bora.

OR

Adınız nedir?

Adım Bora.

O Patty('dir).

O Bora('dır).

Selam Bora, nasılsın?

İyiyim, teşekkür ederim. Ya sen?

Çok iyiyim.

Grammar

The Turkish verb **to be** (olmak) appears as a suffix attached to a word or a pronoun and may be omitted in some cases.

Ben Bora(**'yım**).	I **am** Bora.
Sen Patty(**'sin**).	You **are** Patty.
O Bora(**'dır**).	He **is** Bora.
O Patty(**'dir**).	She **is** Patty.

The suffixes **-dır** and **-dir** are the present tense forms of the verb **olmak** (to be). They may be omitted.

Nasılsın?

(Ben) _____, ya sen?
- Çok iyiyim
- İyiyim

- Pek iyi değilim.
- Çok kötüyüm.

 Now listen to the recording for more practice.

Merhaba
    Selam

Merhaba
    Selam

Merhaba
    Selam

İyi günler

İyi akşamlar

Günaydın

Hoşça kal(ın)

İyi geceler

Allahaısmarladık
Güle güle

Görüşürüz

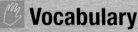

👁 Tip

You can say **Merhaba** or **Selam** at any time of day. **Selam** is quite informal.

Günaydın, İyi günler, İyi akşamlar are all more formal. Use **İyi Geceler** only to say goodbye at the end of the evening. It is never used instead of **Merhaba**.

Note that you may use **Hoşça kal(ın)** instead of **Allahaısmarladık** and **Güle güle**.

✋ Vocabulary

ad/isim: name
nasıl: how
ne: what
nasılsın(ız): how are you
iyi: well, fine, good
iyiyim: I'm well, I'm fine
kötü: bad
çok: very, much, many
çok kötü: very bad, terrible, horrible

çok kötüyüm: I feel terrible
görüşürüz: see you later
hoşça kal(ın): goodbye, bye
allahaısmarladık: goodbye (said by the one who leaves)
güle güle: goodbye (said by the one who remains)
teşekkür ederim: thank you

👂 Now listen
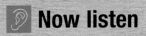

👄 Grammar

Personal pronouns

ben	I
sen	you (familiar singular)
o	he/she/it
biz	we
siz	you (plural; polite singular)
onlar	they

My family

- Talking about my family
- Learning the numbers 1–10

Berna · Metin · Özge · Bora · Aysu

Annem, Berna.

Babam, Metin.

Kız kardeşlerim, Özge ve Aysu.

Onun üç çocuğu var.

Benim üç çocuğum var – bir erkek ve iki kız.

Metin'in çocukları

👄 Grammar

benim	my	benim babam
senin	your	senin baban
onun	his/her/its	onun babası
bizim	our	bizim babamız
sizin	your	sizin babanız
onların	their	onların babası

(Benim)	bir kızım, iki oğlum	
(Senin)	bir kızın, bir oğlun	var.
(Onun)	iki kızı, iki oğlu	

Note that possessive pronouns (benim, senin,...) may be omitted.

Benim bir oğlum ve iki kızım var.

Onun bir oğlu, iki kızı var.

Berna'nın oğlu

Berna'nın kızları

Benim bir erkek kardeşim, bir kız kardeşim var.

Onun bir erkek kardeşi, bir kız kardeşi var.

Özge'nin erkek kardeşi

Özge'nin kız kardeşi

Numbers

1 bir

2 iki

3 üç

4 dört

5 beş

6 altı

7 yedi

8 sekiz

9 dokuz

10 on

Grammar

The **plural** is formed by adding the suffix **ler/lar** to the singular.

After e,i,ö,ü in the last syllable: **-ler**

After a,ı,o,u in the last syllable: **-lar**

kız kard**eş**   kız kard**eşler**
arkad**aş**   arkad**aşlar**

Note that cardinal numbers are followed by singular nouns.

bir kız kardeş   **üç** kız kardeş
bir arkadaş   **dört** arkadaş

Tip

In Turkey, children generally call their parents **Anne** or **Anneciğim** and **Baba** or **Babacığım**.

When families meet up after a long time apart, they will often kiss or hug.

Vocabulary

aile: family
anne: mother
baba: father
kardeş: sister *or* brother
kız kardeş: sister
erkek kardeş: brother
çocuk: son *or* daughter; child
kız/kız çocuk: girl; daughter
oğul/erkek çocuk: boy; son
…var: … have/has, there is/are …
arkadaş: friend

Draw your own family tree.
Use it to talk about your family.

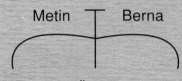

Metin   Berna

Bora   Özge   Aysu

Now listen

More about my family

- Saying more about my family
- Learning the numbers 11–20
- Giving my phone number and address

Emine | Burhan | Zeynep | Kaan | Mete | Merve

Biz Bora'nın büyükannesi ve büyükbabasıyız.
Biz emekliyiz.

Ben Bora'nın kuzeni Kaan'ım.
Ben yalnız yaşıyorum.

Ben Bora'nın kuzeni Merve'yim.
Ben öğrenciyim.

Grammar

Ben Kaan'**ım**.		I **am** Kaan.	
Ben Zeynep'**in** oğlu**yum**.		I'm Zeynep'**s** son.	
Ben **onun** oğlu**yum**.		I'm **her** son.	
O **benim** annem(dir).		She is **my** mother.	

ben	**benim**	biz	**bizim**
sen	**senin**	siz	**sizin**
o	**onun**	onlar	**onların**

Biz emekliyiz.	We are retired.
Onlar emekli(dir).	They are retired.

Teyzem bir hastanede çalışıyor.
O, bir doktor(dur).

Amcam bir mağazada çalışıyor.
O bilgisayar satıyor.

Bora

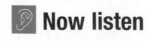 **Now listen**

Bora arkadaşımdır.

Patty'nin arkadaşı Bora

Bora, telefon numaran kaç?

212 37 94… Seninki kaç?

Benimki 212 56 33…

212 56 33 …?

Evet, doğru.

Seni sonra arayacağım.

 Tip

In Turkish, phone numbers are given in groups:

554–05–00–11
(Beş yüz elli dört–sıfır beş–çift sıfır–on bir).

When 0 **sıfır** (zero) is repeated, such as 0–0, people often say **çift sıfır** (double o).

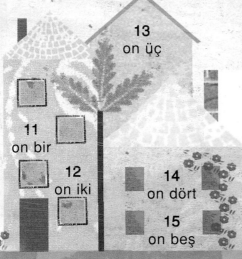

13 on üç

19 on dokuz

16 on altı

17 on yedi

11 on bir

12 on iki

14 on dört

18 on sekiz

20 yirmi

15 on beş

Adresin nedir?

Adresim; Moda Yolu, 14 numara.

Bahar Caddesi, Numara 12.

 Grammar

çalışmak: (to) **work**
(**Ben**) **çalışırım/çalışıyorum** I work
(**Sen**) **çalışırsın/çalışıyorsun** You work
(**O**) **çalışır/çalışıyor** He/She/It works
(**Biz**) **çalışırız/çalışıyoruz** We work
(**Siz**) **çalışırsınız/çalışıyorsunuz** You work
(**Onlar**) **çalışıyor(lar)/çalışır(lar)** They work

Bora'nın telefon numarası…
Merve'nin**ki**…
Onun**ki**…
benimki mine, my (phone number)
seninki yours, your (phone number)
onunki his/hers, his/her (phone number)
bizimki ours, our (phone number)

Vocabulary

büyükanne: grandmother
büyükbaba: grandfather
amca, dayı, enişte: uncle
hala, teyze, yenge: aunt
kuzen: cousin
yalnız: alone, on someone's own
emekli: retired
öğrenci: student
…nedir: What is…

çalışmak: (to) work
bilgisayar: computer
satmak: (to) sell
aramak: (to) call; (to) look for
yaşamak: (to) live
mağaza: shop

 Listening task

• Write down the numbers.

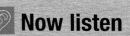 Now listen

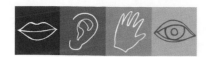

Where I'm from

- Saying what country I'm from
- Giving my nationality and saying what language I speak
- Saying that something is correct or incorrect

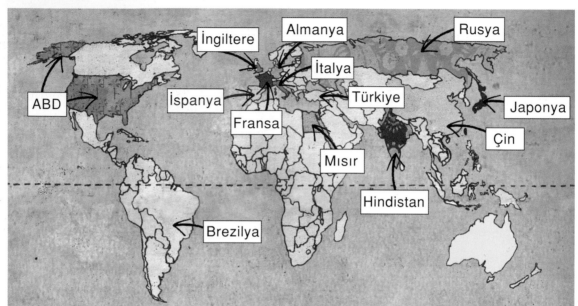

İngiltere

Almanya

Rusya

İtalya

ABD

İspanya

Türkiye

Japonya

Fransa

Çin

Mısır

Hindistan

Brezilya

Ben İngiliz'im.
Türkiye'de yaşıyorum.

Ben Türk'üm
Türkiye'de yaşıyorum.

Bu Bora.
O Türk(tür).

Bu Patty.
O İngiliz(dir).

Grammar

Ben Almanyalıyım. Ben Alman'**ım.**
Ben İtalyalıyım. Ben İtalyan'**ım.**

Ben Türk'**üm** – Türk**çe** konuşurum.
Ben İngiliz'**im** – İngiliz**ce** konuşurum.
Ben Japon'**um** – Japon**ca** konuşurum.
Ben Fransız'**ım** – Fransız**ca** konuşurum.
Ben Mısırlı'**yım** – Arap**ça** konuşurum.

Rus

İspanyol

Amerikalı

Fransız

Japon

Avustralyalı

İtalyan

Brezilyalı

Hintli

Çinli

Mısırlı

Alman

Türk

İngiliz

Now listen

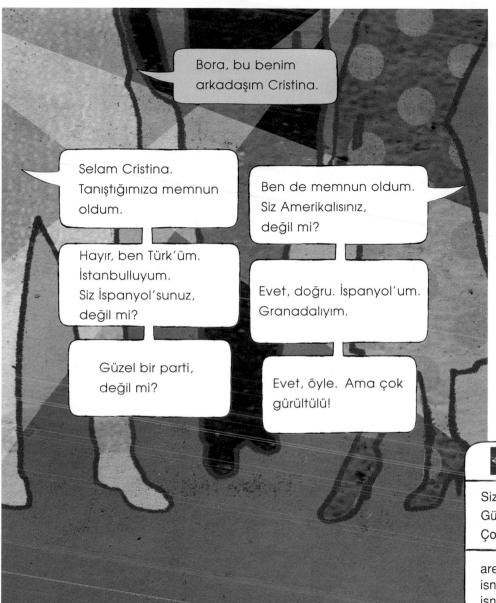

Bora, bu benim arkadaşım Cristina.

Selam Cristina. Tanıştığımıza memnun oldum.

Ben de memnun oldum. Siz Amerikalısınız, değil mi?

Hayır, ben Türk'üm. İstanbulluyum. Siz İspanyol'sunuz, değil mi?

Evet, doğru. İspanyol'um. Granadalıyım.

Güzel bir parti, değil mi?

Evet, öyle. Ama çok gürültülü!

Grammar

Siz İspanyol'sunuz, **değil mi?**
Güzel bir parti, **değil mi?**
Çok gürültülü, **değil mi?**

aren't you? isn't she? isn't it?	**değil mi?**
don't you? doesn't he? didn't it?	**değil mi?**

Değil mi? is used for all tenses as a tag question.

Vocabulary

bu…: this (is)…
olmak: (to) be, (to) become, (to) happen
tanışmak: (to) become acquainted
tanıştığımıza memnun oldum/tanıştığımıza sevindim: I'm pleased to meet you
güzel: nice, fine, beautiful
gürültülü: noisy
ama: but
de/da: too, also
konuşmak: (to) speak
yaşamak: (to) live

Now listen

More about me

- Answering questions about myself
- Talking more about my family
- Saying that something isn't the case

Şehirde mi yaşıyorsun?

Evet, şehirde yaşıyorum.

Hayır, şehirde yaşamıyorum.

...de/da yaşıyorum.

...nde/nda

Kasaba

Deniz kıyısı

Şehir

Köy

Evli misin(iz)?

Evet, öyleyim.

Evet, evliyim.

Hayır, değilim.

Hayır, evli değilim.

👄 Grammar

Hastanede **mi** çalışıyorsunuz?
Evet, hastanede **çalışıyorum**.
Hayır, hastanede **çalışmıyorum**.

Evli **mi**siniz?
Doktor **mu**sunuz?
Evet, **öyleyim**.
Hayır, **değilim**.

Hiç çocuğunuz **var mı**?
Bir işiniz **var mı**?
Evet, **var**.
Hayır, **yok**.

Evliyim.

Bekarım.

**Boşandım./
Eşimden ayrıldım.**

👂 Now listen

Merhaba!

Selam! Ben Seran.
Tanıştığımıza sevindim.

Evet, evliyim.
Kocamın adı Marco.
O İtalyan.

Üniversitede
çalışıyor.

Hayır, İstanbul'a yakın bir
köyde yaşıyoruz.

İki çocuğumuz var. Selin ve Mert.
Onlar öğrenci. Selin yedi yaşında
– ilkokulda. Mert ortaokulda.
O on iki yaşında.

Selin okulu seviyor ama
Mert sevmiyor.

Evet, ben Mert'in okulunda
matematik öğretiyorum.
Okul saat dokuzda başlıyor
ve üçte bitiyor.

👁 Tip

In Turkey, children go
to school when they're
7 years old. They must
stay in school until they
are 14. The first school
is called **ilkokul** and the
second one is **ortaokul**.
Many children go to
nursery or pre-school
before that. Classes after
pre-school are numbered:
Year 1, Year 2, etc. Year 6
is the first year at **ortaokul**,
where children stay until
they are 14.

✍ Vocabulary

sevinmek: (to) be pleased
ilkokul: primary school
ortaokul: secondary school
yakın: near, close; nearby place
…yaşında: …years old
öğretmek: (to) teach
başlamak: (to) start, (to) begin
bitmek: (to) finish, (to) end
karı ve koca: wife and husband
tanıştığımıza sevindim: I'm pleased to meet you
yok: … doesn't/don't have, there isn't/aren't…

evet, öyle: yes, it is
hayır, öyle değil: no, it is not
evet, öyleyim: yes, I am
hayır, öyle değilim: no, I am not

👄 Grammar

arkadaşım**ın** adı	my friend**'s** name
kocam**ın** adı	my husband**'s** name
kuzenim**in** okulu	my cousin**'s** school

annem**in**…	my mother**'s**…
babam**ın**…	my father**'s**…

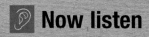 **Now listen**

What I do

- Saying what job I do
- Asking what you do
- Saying what I do if I don't work
- Talking about my job

> Ben gazeteciyim.
> Sen ne iş yapıyorsun?

> Ben fotoğrafçıyım.

Ben …um.	Ben …im.	Ben …im.	Ben …im.	Ben …yım.	Ben …yum.

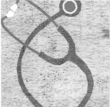

Doktor	Müzisyen	Öğretmen	Sekreter	Aşçı	Banka memuru

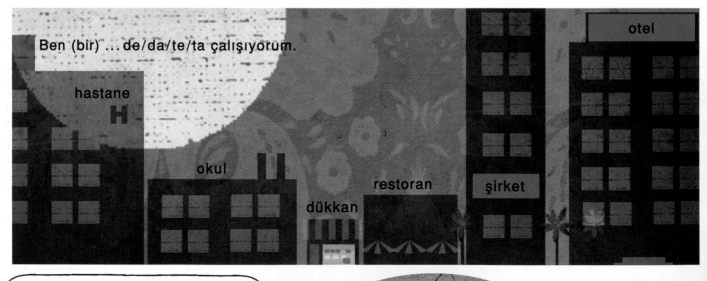

Ben (bir) …de/da/te/ta çalışıyorum.

otel

hastane

H

okul

restoran

şirket

dükkan

Grammar

Notice that, in ordinary use, many verbs like **sevmek, yaşamak, çalışmak** may frequently be used in the present continuous form and may, however, express a general validity and habitual action.

…sev**er**im/…sev**iyor**um.	I like…
…sev**me**m/…sev**miyor**um.	I **don't** like…
…yaş**ar**/… yaş**ıyor**.	She **lives**…
…yaş**amaz**/… yaş**amıyor**.	She **doesn't** live.

pazarlamacı

yayımcı

eğitimci

O, … (dır/dir).

maliyeci

bankacı

politikacı

Now listen

Çalışıyor musun?

Ben işsizim.

Ben iş sahibiyim.

Ben emekliyim.

Ben öğrenciyim.

Ben avukatım.

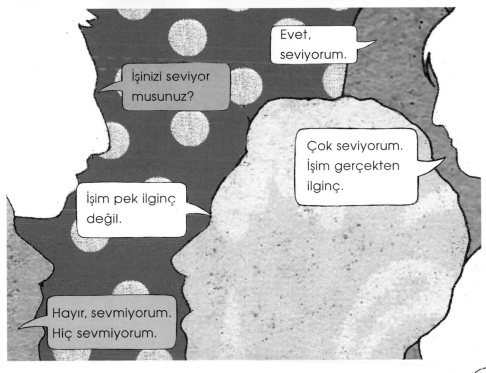

İşinizi seviyor musunuz?

Evet, seviyorum.

Çok seviyorum. İşim gerçekten ilginç.

İşim pek ilginç değil.

Hayır, sevmiyorum. Hiç sevmiyorum.

👁 Tip

Talking about what you do is a really useful conversation topic. If it isn't covered here, find what you need in your dictionary, so you're ready with details of what you do (and where you work, if appropriate) and your opinion of it.

✋ Vocabulary

gazeteci: journalist
iş: job, work, business
işsiz: unemployed
avukat: lawyer
ilginç: interesting
sevmek: (to) like, (to) love
gerçek: real, true
gerçekten: really
değil: not
memur: officer

👂 Listening task

Listen and answer.

• Do they like their jobs?

Yes, he / she does.
No, he / she doesn't.

👄 Grammar

(O) gerçekten ilginç(**tir**).
It**'s** really interesting.

(O) pek ilginç **değil**(**dir**).
It **isn't** very interesting.

👂 Now listen

Asking about places

- Saying what there is / isn't
- Saying where places are
- Asking what's near

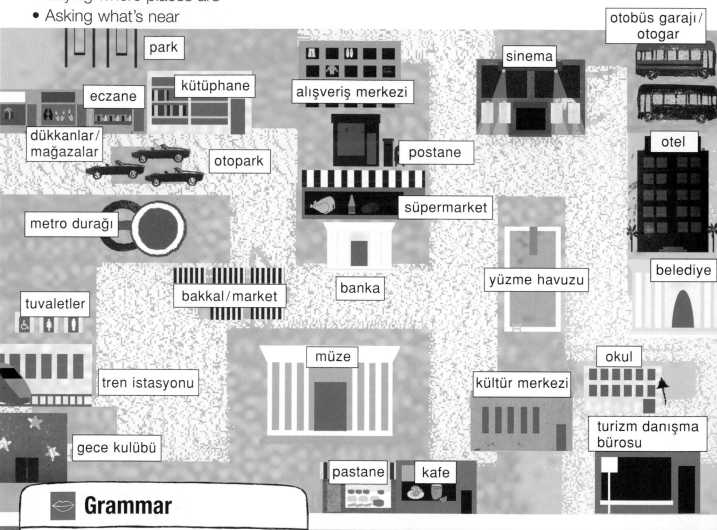

otobüs garajı / otogar

park

sinema

kütüphane

eczane

alışveriş merkezi

dükkanlar / mağazalar

otopark

postane

otel

metro durağı

süpermarket

yüzme havuzu

belediye

tuvaletler

bakkal / market

banka

müze

okul

tren istasyonu

kültür merkezi

turizm danışma bürosu

gece kulübü

pastane

kafe

〰 Grammar

Bir sinema **var**.	There **is** a cinema.
Hiç market **yok**.	There **isn't** any market.
Hiç dükkan(lar) **yok**.	There **aren't** any shop**s**.
Hiç otel(ler) **yok**.	There **aren't** any hotel**s**.

Müze **çok yakında**.	(... **very near**)
Süpermarket **oldukça uzakta**.	(... **quite far**)
Otel, belediyenin **karşısında**.	(... **opposite** ...)
Banka, marketin **yanında**.	(... **next to** ...)
Postane, sinema ile otoparkın **arasında**.	(... **between** ...)

Yaşadığım yerde, bir sinema, bir yüzme havuzu, bir okul ve otobüs durağı var(dır).
Kütüphane ya da metro durağı yok(tur).
Hiç gece kulübü yok(tur).

👂 **Now listen**

Affedersiniz. Burada postane var mı?

Evet, var. Şurada süpermarketin yanında.

Teşekkür ederim. Yakın bir yerde banka var mı?

Banka mı? Evet, var. Müzenin karşısında bir banka var.

Müze nerede?

Doğru gidin ve sağa dönün.

Buraya uzak mı?

Hayır, oldukça yakın. Yürüyerek iki dakika.

Buralarda eczane var mı?

Hayır yok. Buralarda eczane yok.

Yardımınız için teşekkür ederim.

Bir şey değil.

Tip

When you're talking to someone you don't know – to ask for information or directions, for example – it's polite to begin by saying **Affedersiniz**. You can also add **Yardım edebilir misiniz?** Don't be tempted to use **bayım** (sir) or **bayan** (madam) to address the person: these are used only in very formal situations. You don't need to call him/her anything.

Grammar

…var mı? Is there…?
Buralarda bir kafe **var mı?**
Evet, **var.**
Hayır, **yok.**

…var mı? Are there…?
Buralarda dükkan(lar) **var mı?**
Evet, **var.**
Hayır, **yok.**

Vocabulary

affedersiniz: excuse me
…'nin yanında/…'nin bitişiğinde/ …'(y)e bitişik: next to …
şurada/orada: over there
doğru gidin: go straight
gitmek: (to) go
dönmek: (to) turn
nerede: where

karşı/karşısında: opposite
uzak: far
burada: here
yakında: near here
yürümek: (to) walk

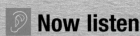

Now listen

Asking for directions

- Asking how to get somewhere
- Understanding directions
- Coping when I can't understand
- Thanking people and responding

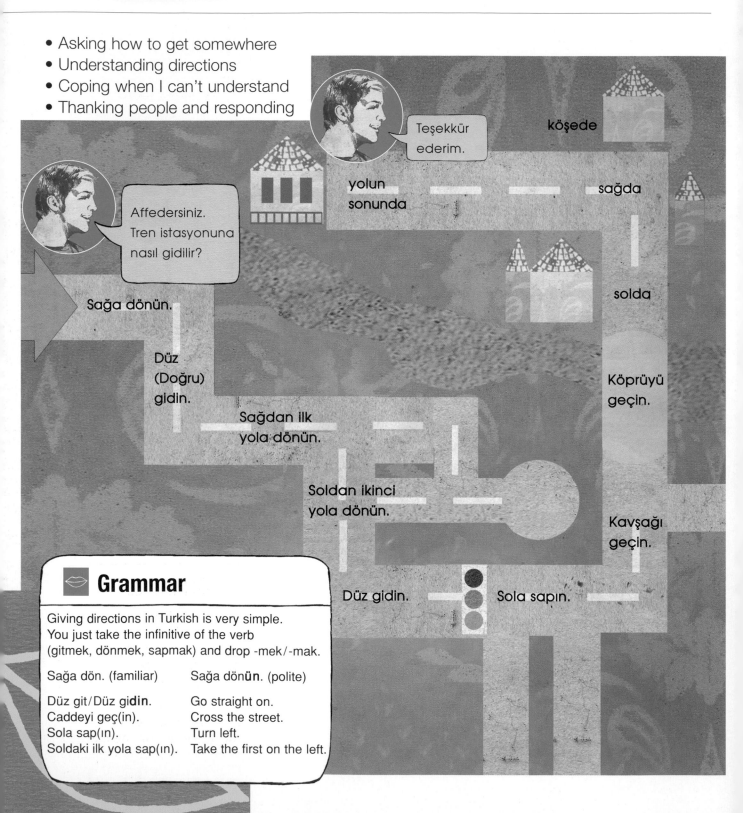

Teşekkür ederim.

köşede

Affedersiniz.
Tren istasyonuna nasıl gidilir?

yolun sonunda

sağda

Sağa dönün.

solda

Düz (Doğru) gidin.

Köprüyü geçin.

Sağdan ilk yola dönün.

Soldan ikinci yola dönün.

Kavşağı geçin.

Düz gidin.

Sola sapın.

👄 Grammar

Giving directions in Turkish is very simple.
You just take the infinitive of the verb
(gitmek, dönmek, sapmak) and drop -mek/-mak.

Sağa dön. (familiar)   Sağa dön**ün**. (polite)

Düz git/Düz gi**din**.	Go straight on.
Caddeyi geç(in).	Cross the street.
Sola sap(ın).	Turn left.
Soldaki ilk yola sap(ın).	Take the first on the left.

Affedersiniz. Atlantik sinemasına nasıl gidilir?

Atlantik... Trafik ışıklarına kadar bu yolu takip edin. Trafik ışıklarında karşıya geçin ve sola dönün.

Özür dilerim. Anlayamadım. Tekrar eder misiniz, lütfen?

Elbette. Trafik ışıklarına kadar bu yoldan düz gidin. Karşıya geçin. Sonra sola sapın.

Sağ olun.

Sonra sağdan üçüncü yola sapın. Atlantik sineması yolun sonunda, solda.

Uzak mı?

Çok uzak değil – yürüyerek beş dakika.

Çok teşekkür ederim.

Önemli değil.

Tip

If you're finding it difficult to understand what people say, the following expressions can help you:

Özür dilerim, anlayamadım. I'm sorry, I didn't catch that.

Tekrar eder misiniz? Could you say it again?

Daha yavaş söyler misiniz? Could you speak more slowly?

To thank someone:
Sağ olun / Teşekkürler. Thanks.
Teşekkür ederim. Thank you.

In response you will hear:
Bir şey değil. Don't mention it.
Önemli değil. It's not important.

Vocabulary

...' e/a nasıl gidilir: how do you get to ...
sağ/sol: right/left
sağda/solda: on the right/left
son: end
...'nın sonunda: at the end of ...
yol: way; road, street
köşe: corner
köşede: on the corner
anlamak: (to) understand

elbette: of course
dönmek: (to) turn
sapmak: (to) turn
geçmek: (to) cross, (to) go over

Grammar

Ways of saying how far away something is:

yürüyerek beş dakika
five minutes' **walk**

arabayla on dakika
ten minutes **by car**

otobüsle 20 dakika
twenty minutes **on the bus**

Listening task

Repeat the directions.

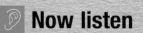 Now listen

How I travel

- Saying how I travel
- Learning the numbers 21–100+
- Asking for travel information

… ile giderim.

bisiklet

uzun yol otobüsü

motosiklet

metro

otobüs

mobilet

tramvay

araba

uçak

tren

gemi

Yürüyerek/Yayan giderim.

👄 Grammar

| Araba **ile** giderim. | I go **by** car. |
| **Yürüyerek** giderim. | I go **on foot.** |

bisiklet **ile**	=	bisiklet**le**
tren **ile**	=	tren**le**
otobüs **ile**	=	otobüs**le**
araba **ile**	=	araba**yla**
metro **ile**	=	metro**yla**
uçak **ile**	=	uçak**la**

Sayılar 21–100+

20	yirmi	21	yirmi bir	76	yetmiş altı
30	otuz	32	otuz iki	87	seksen yedi
40	kırk	43	kırk üç	98	doksan sekiz
50	elli	54	elli dört	109	yüz dokuz
60	altmış	65	altmış beş		
70	yetmiş				
80	seksen				
90	doksan				
100	yüz				

👂 **Now listen**

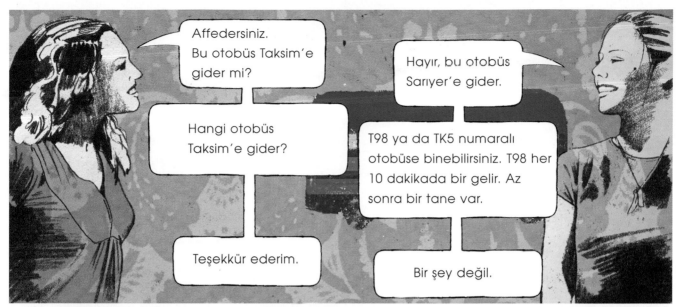

Affedersiniz. Bu otobüs Taksim'e gider mi?

Hangi otobüs Taksim'e gider?

Hayır, bu otobüs Sarıyer'e gider.

T98 ya da TK5 numaralı otobüse binebilirsiniz. T98 her 10 dakikada bir gelir. Az sonra bir tane var.

Teşekkür ederim.

Bir şey değil.

Affedersiniz. Bu Kapalı Çarşı hattı mı?

Evet, buradan Kapalı Çarşı'ya gidebilirsiniz. Beyazıt en yakın durak sanırım. Eminönü hattına binmeniz gerek. Orada inin ve Beyazıt hattına binin. Beyazıt Meydanı durağında inin. Kapalı Çarşı oradan yürüyerek iki ya da üç dakika, sanırım.

Önce Eminönü hattı, sonra Beyazıt hatlı, öyle mi?

Evet, doğru.

Çok teşekkür ederim.

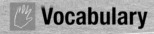 Vocabulary

hangi: which
binmek: (to) get into, to board
inmek: (to) get off
sanmak: (to) think, (to) suppose
her: every
dakika: minute
az sonra: very soon

hat: line
önce: before, first, ago
sonra: after, then
doğru: (that's) right

👄 Grammar

Hangi…?   Which…?
Hangi otobüs Kapalı Çarşı'ya gider?

…bin**ebil**irsiniz.   You **can**…
T98 numaraya bin**ebilir**siniz.
Trenle gid**ebil**irsiniz.
…bin**meniz gerek.**   You **need to**…
TK5 numaraya bin**meniz gerek**…
Beyazıt'ta in**meniz gerek.**

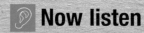 **Now listen**

Buying food

- Shopping for food
- Learning bigger numbers
- Expressing quantities
- Asking if items are available

> Biraz elma almak istiyorum, lütfen.

> Biraz pirinç almak istiyorum, lütfen.

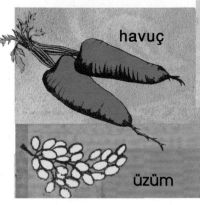

havuç

üzüm

elma

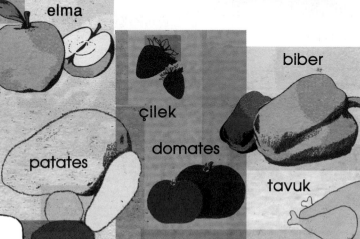

çilek

patates

domates

biber

tavuk

balık

👄 Grammar

You can use **biraz** (some) with all of the food items shown or use the following quantities/containers:

bir kilo elma
yarım kilo/500 gram üzüm
250 gram peynir

bir paket bisküvi/şeker/cips
bir paket çikolata
bir kutu çilek

bir karton süt/meyve suyu
bir şişe su

bir (tane) kek/iki (tane) kek
bir (tane) tavuk

149	yüz kırk dokuz
200	iki yüz
350	üç yüz elli
490	dört yüz doksan
1000	bin
1425	bin dört yüz yirmi beş
2000	iki bin

SU

pirinç

elma suyu

portakal suyu

bisküvi

kek

çikolata

cips

👂 **Now listen**

Günaydın.
Ne almak istersiniz?

Üzüm var mı?

Evet, var.
Taze ve çok tatlı.

Yarım kilo alacağım.

500 gram üzüm…
Buyurun.

Biraz da elma, lütfen.

Ne kadar istersiniz?

Şunlardan dört tane.

Başka bir şey?

Evet – biraz peynir, lütfen.

Ne kadar istersiniz?

250 gram…ve bir
kutu çilek, lütfen.

Hepsi bu kadar mı?

Evet, tamam.
Teşekkür ederim.

Üzüm, elma, peynir, çilek…
Hepsi 6,75 lira (altı lira,
yetmiş beş kuruş).

Teşekkür ederim.

On lira – bu da 3,25
(üç yirmi beş) para üstü.

Teşekkürler.
Hoşça kalın.

Tip

The currency in Turkey is the **lira**.
100 **kuruş** make 1 **YTL** (Yeni Türk
Lirası – New Turkish Lira). **Kuruş**
is usually shortened to **kr.** in
writing. When you say prices con-
sisting of lira and kuruş, the words
lira and kuruş are often left out:

1,40: bir lira, kırk kuruş/bir-kırk
3,20: üç lira, yirmi kuruş/üç-yirmi
but
2,5: iki **buçuk** lira (2 and a **half** liras)

Grammar

In Turkish, some nouns are called
uncountable: su, meyve suyu, peynir,
pirinç, makarna, un, etc.

This means they are not used as
plurals or with numbers.

You use **Ne kadar…?** with
countable and uncountable nouns,
but you can use **Kaç tane…?**
only with countable nouns.

Ne kadar peynir istersiniz? – 250 gram.

Ne kadar elma istersiniz? – 1 kilo/4 tane.

Kaç tane kek istersiniz? – 2 tane.

biraz, **çok**, **hiç** can be used with
countable and uncountable nouns:

Biraz peynir/elma istiyorum.
Hiç peynir/elma var mı?
Hiç peynir/elma yok.

…istiyorum.
…alayım **or** …alacağım.

Vocabulary

istemek: (to) want, would like
almak: (to) take, (to) have
satın almak: (to) buy
taze: fresh
tatlı: sweet
buyurun: here you are
başka bir şey: anything else
kutu: box, packet
şişe: bottle
hepsi: all, all of…

Hepsi bu kadar mı?:
Is that all?, Is that everything?
(para) üstü: (money) change
yarım: half

Listening task

• What does Bora buy? How
much is it?

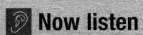 Now listen

Buying clothes

- Learning the words for clothes
- Learning how to describe clothes
- Talking about sizes
- Getting help in a shop

bir çift
beyaz spor
ayakkabı

bir çift
siyah bot

beyaz
bir
tişört

turuncu
bir şort

bir çift
kahverengi
ayakkabı

pembe
bir
etek

kırmızı
bir kravat

mavi bir
ceket

kot/
kot pantolon

yeşil bir pantolon

siyah
bir
külotlu
çorap

gri bir gömlek

mor bir
elbise

yeşil bir
kazak

pembe bir bluz

turuncu bir palto

bir çift
mavi
çorap

bir çift mor terlik

kırmızı
bir şapka

sarı bir
kasket
(şapka)

kahverengi
bir kemer

👄 Grammar

Colours are adjectives. **Adjectives** tell you more about a noun.

kırmızı bir palto = a **red** coat
bir (tane) kırmızı palto = one **red** coat
iki (tane) kırmızı palto = two **red** coats

Note that pantolon, şort, kot, tayt, ayakkabı, çorap, terlik are all singular in Turkish. So you buy **bir** pantolon, **bir** şort but **bir çift** ayakkabı, **bir çift** çorap.

küçük   **çok** küçük   **aşırı** küçük

büyük   **çok** büyük   **aşırı** büyük

👂 Now listen

Yardım edebilir miyim?

Sizin bedeniniz kaç?

38 beden... işte buyurun.

Evet, giyinme kabini şurada.

Evet – kırmızı elbiseyi beğendim ama bedeni yanlış.

38 beden.

Deneyebilir miyim?

Nasıl oldu?

Çok yakıştı.

Güzel. Çok büyük değil – tam oturdu.

Teşekkür ederim. Çok beğendim. Bunu alacağım.

Yardım eder misiniz, lütfen? Bir çift ayakkabı bakıyorum. Siyah olanı beğendim 39 numarası var mı?

Maviyi görebilir miyim, lütfen?

Teşekkürler... Bunlar çok küçük.

Bunlar çok daha iyi. Alıyorum, teşekkür ederim.

Üzgünüm – yok. Kahverengi veya mavinin 39 numarası var.

Hemen getiriyorum. Mavi 39 numara, buyurun. Denemek ister misiniz?

40'ı deneyin... Oldu mu?

Vocabulary

yardım etmek: (to) help
beğenmek: (to) like, (to) fancy
beden: size; body
yanlış: wrong, incorrect
giyinme kabini: changing room
denemek: (to) try
güzel: fine, nice, beautiful
bakmak: (to) look, (to) look for
üzgünüm: I'm sorry

görmek: (to) see
getirmek: (to) bring, (to) carry
çift: pair
yakışmak: (to) suit, (to) fit

Now listen

Buying presents

- Describing what I want
- Comparing things
- Making myself understood when I don't know the word

kullanışlı
şirin   ilginç
sıkıcı   lezzetli
heyecanlı   hoş
iyi   ucuz
pahalı

Bu bir hediye.

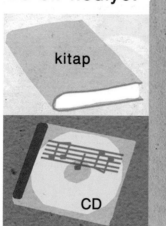

kitap

bir şişe şarap

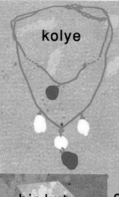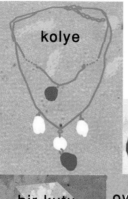

kolye

kol saati

çanta

DVD

CD

bir kutu çikolata

oyuncak

şeker / şekerleme

👄 Grammar

The comparative is used to compare two things and is formed by using the suffix -**den** / -**dan** (than) and by placing **daha** (more) in front of an adjective or an adverb.

ucuz	cheap	**daha** ucuz	cheaper
şirin	pretty	**daha** şirin	prettier
iyi	good	**daha** iyi	better
kötü	bad	**daha** kötü	worse
kullanışlı	useful	**daha** kullanışlı	more useful

Yumuşak bir oyuncak, bir çanta**dan daha** hoştur.
A soft toy is cuter **than** a bag.

Bir kitap, bir kolye**den daha** kullanışlıdır.
A book is more useful **than** a necklace.

Yeşil şapka ucuz ama kırmızı olan **daha ucuz.**
The green hat is cheap but the red one is **cheaper**.

Özge için bir hediye arıyorum.

Neleri sever?

Kitapları ve CD'leri sever. Bu kitap iyi mi?

Pek değil – oldukça sıkıcı. Bir kolyeye ne dersin? Şunlara bak . . .

👂 Now listen

Kız kardeşim için bir kolye bakıyorum.

Bu yeşil kolyeler çok güzel.

Belki mavi olanlar yeşilden daha güzel. Onlar kaç lira?

O kolyeler 45 lira.

Oldukça pahalı. Daha ucuz bir şey yok mu?

Bu pembeler 30 lira. – veya şu mor kolye 35 lira.

Mor olan daha iyi, sanırım. Bunu alacağım.

Nasıl ödeyeceksiniz?

Kredi kartı ile.

Şifrenizi girer misiniz, lütfen?

Fişinizi alın, lütfen. Çok teşekkür ederim.

 ## Tip

If a Turkish friend invites you to dinner at his/her home, it is usual to take a small present: a box of chocolates or a bunch of flowers. A typical gift from your own country would be even better. If there are children in the house, sweets are also a good idea.

 ## Grammar

The demonstrative adjectives are used with singular and plural items.

bu kitap	**this** book
bu kalemler	**these** pencils
şu çanta	**that** bag
şu oyuncaklar	**those** toys
o elbise	**that** dress
o şapkalar	**those** hats

You can use the demonstrative pronouns (**bu**/**şu**/**o** and **bunlar**/**şunlar**/**onlar**) on their own, if it's clear what you mean – this is very useful if you don't know the word for something.

Bu kaça?	How much is **this**?
Şunlar nasıl?	What about **those**?
Onlar ucuz mu?	Are **they** cheap?

To talk about something near, use: **bu**/**bunlar**.

To talk about something at some distance but still within sight, use: **şu**/**şunlar**.

To talk about something farther away or not in sight, use: **o**/**onlar**

Vocabulary

hediye: present, gift
aramak: (to) look for; (to) call
pek değil: not really
daha: more
veya: or
yok: there isn't/aren't; don't/doesn't have
ödemek: (to) pay
fiş: receipt, voucher
şifre girmek/**tuşla**mak: (to) key in, (to) enter (password)
yumuşak: soft
...ye ne dersin(iz)/nasıl olur?: what about...?

pahalı: expensive
oldukça: quite
ilginç: interesting
bir kutu...: a box of...
bir şişe: a bottle of...

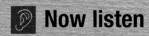 ## Now listen

Review 1

1 Add the verb

1 Benim iki kardeşim _____.

2 Benim _____ Boradır. (ad)

3 Onu çok _____. (sevmek)

4 Biz Bora'nın _____. (aile)

5 Ben _____. (Türk)

6 O _____. (İngiliz)

7 Bu _____ Patty. (arkadaş)

8 O _____ çalışıyor. (hastane)

9 Ben bir _____. (fotoğrafçı)

10 Yakınlarda bir süpermarket _____ ?

2 Find the food

1 tvkua   _____tavuk_____

2 kübisvi   _____

3 lıkab   _____

4 leçik   _____

5 takalpor yuus   _____

6 rib ketap kereş   _____

7 rib ukut laçikota   _____

8 rib şieş şapar   _____

9 iik loik zümü   _____

10 iik ukut üts   _____

3 Write the nationality and the language

1 İtalya   Ben İtalyan'ım. İtalyanca konuşurum.

2 Türkiye   _____

3 Rusya   _____

4 İngiltere   _____

5 Mısırlı   _____

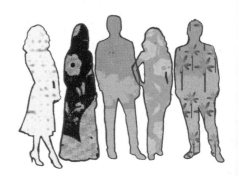

4 Answer the questions

1 Adınız nedir?

2 Nasılsın?

3 Telefon numaran kaç?

4 Adresin nedir?

5 İspanyol'sunuz, değil mi?

6 Türk müsün?

7 Evli misiniz?

8 Köyde mi yaşıyorsunuz?

9 Ne iş yapıyorsun?

10 İşini seviyor musun?

REVIEW ONE • 31

5 Put the words in the right order

1 eczane mı bir buralarda var? _Buralarda bir eczane var mı?_

2 tren nasıl gidilir istasyonuna? _____

3 ışıklarına gidin düz kadar trafik. _____

4 yola sağdan ikinci dönün. _____

5 otobüs bu gider Taksim'e mi? _____

6 biraz lütfen alayım üzüm. _____

7 beğendim çok onu. _____

8 39 bunların var mı numarası? _____

9 mavisini deneyebilir şunun miyim? _____

10 bu CD ilginç daha ondan. _____

6 Buying a present

Answer the sales assistant using the words given.
Look back at Unit 4 if you need help.

• Yardım edebilir miyim?

— arıyorum / hediye / kız kardeş _Kız kardeşim için bir hediye arıyorum._

• Neleri sever?

— CD'ler / DVD'ler _____

• Bu DVD nasıl? Bu çok eğlencelidir.

— kardeşim / o / sevmez _____

— nasıl? _____

— iyi? _____

• Bu daha iyi. Bu çok ilginç.

— kaç / lira? _____

• Bu 19 lira, 50 kuruş.

— oldukça / pahalı _____

— daha ucuz? _____

• Bu DVD ilk DVD'den daha ucuz ve daha ilginç.

— alacağım _____

— teşekkür _____

Getting information

- Learning the days of the week
- Getting details of a class
- Saying when I do things
- Talking on the telephone

> Pazartesiden Cumaya kadar çalışıyorum ama akşamları ve hafta sonları boş zamanım var.

PAZARTESİ
MONDAY

Pazartesi günleri spor salonuna giderim.

SALI
TUESDAY

Salı günleri alışveriş yaparım.

ÇARŞAMBA
WEDNESDAY

Çarşamba günleri televizyon izlerim.

PERŞEMBE
THURSDAY

Perşembe günleri hiçbir şey yapmam.

CUMA
FRIDAY

Cuma günleri arkadaşlarımla görüşürüm.

CUMARTESİ
SATURDAY

Cumartesi günleri sinemaya giderim.

PAZAR
SUNDAY

Pazar günleri dinlenirim. Gazete okurum, kahve içerim ve radyo dinlerim.

Grammar

The **present continuous** tense denotes action still going on and not yet completed. The suffix -(ı/i/u/ü)**yor** is attached to verb stem.

(gelmek = to come)

(ben)	geli**yor**um	I'm coming
(sen)	geli**yor**sun	you're coming
(o)	geli**yor**	he/she/it is coming
(biz)	geli**yor**uz	we're coming
(siz)	geli**yor**sunuz	you're coming
(onlar)	geli**yor**(lar)	they're coming

Note that personal pronouns may be omitted.

 **Now listen**

Alo!
Orası Karel Koleji mi?

Evet, öyle.

Yabancı dil sınıfları ile ilgili arıyorum.

İngilizce kursu için mi arıyorsunuz? Korkarım tüm İngilizce kurslarımız dolu.

Hayır, İspanyolca ile ilgileniyorum.

Başlangıç seviyesinde misiniz?

Evet, öyleyim. Biraz İspanyolca biliyorum ama çok değil.

Başlangıç...evet, İspanyolca başlangıç sınıfında yerimiz var. Kurs Salı günleri.

Ne zaman başlıyor?

20 Eylül, Salı günü. Saat yedide başlıyor ve sekizde bitiyor.

Ücreti ne kadar?

Bir dönemi 75 lira. Nakit ya da kredi kartıyla ödeyebilirsiniz.

Bu çok iyi.
Çok teşekkür ederim.

Tip

When you answer the phone, all you have to say is **Alo**. When you are ringing someone, to confirm you've got the right person you can say:

Alo, Bora bey **ile mi görüşüyorum**?

or:

Alo, orası ABC şirketi **mi**?

Grammar

The **present simple** tense is used for general truths and for things that happen regularly, not necessarily now.

gitmek = to go

(ben)	gid**erim**	I go
(sen)	gid**ersin**	you go
(o)	gid**er**	he/she/it goes
(biz)	gid**eriz**	we go
(siz)	gid**ersiniz**	you go
(onlar)	gid**er(ler)**	they go

In ordinary use, however, the present continuous tense frequently may have a general sense as:

Her gün alışveriş yap**ıyor**um.
Her gün alışveriş yap**ar**ım.
I **do** the shopping every day.

Vocabulary

boş zaman: free time
hiçbir şey: nothing (at all)
yabancı dil: foreign language
sınıf: class
dolu: full; fully booked
ilgilenmek: (to) be interested in
seviye: level, degree
başlangıç: beginning
yer: position; place; space

izlemek/**seyret**mek: (to) watch
korkarım: i'm afraid
ne zaman: when
ne kadar: how much, how long
ilgili: about, related
dönem: term
nakit: cash
kredi kartı: credit card
kurs: course

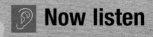 **Now listen**

Booking a place

- Learning dates
- Talking about time
- Asking for information
- Booking a place

Dans Sınıfı Çizelgesi

Oryantal	Ocak	Şubat	Mart
Step	Nisan	Mayıs	Haziran
Caz	Temmuz	Ağustos	Eylül
Bale	Ekim	Kasım	Aralık

Grammar

Saat kaç?	What time is it?
Saat üç.	It's three o'clock.

Saat üçü beş geçiyor.

Saat dördü çeyrek geçiyor.

Saat altı buçuk.

Saat yediye çeyrek var.

Saat dokuza on var.

Dates in Turkish use numbers with the objective definite suffix.

Bugün Ocağın **biri**.
Today is **the first** of January.

Doğum günüm Mayısın beş**inde**.
My birthday is **on** the fifth of May.

Temmuz**da** bir kursa başlıyorum.
I'm starting a course **in** July.

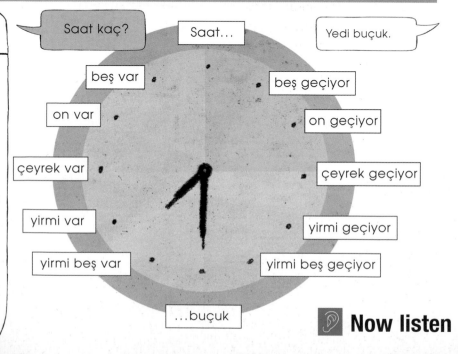

Saat kaç?

Saat...

Yedi buçuk.

beş var

beş geçiyor

on var

on geçiyor

çeyrek var

çeyrek geçiyor

yirmi var

yirmi geçiyor

yirmi beş var

yirmi beş geçiyor

...buçuk

Now listen

Alo –
Aktif Dans.

Evet, size nasıl yardım edebilirim?

Kurs Cuma akşamları var. Bir sonraki kurs Ocak'ta… Bir bakayım…Ocağın 14'ünde başlıyor.

Yedi buçuktan dokuza kadar.

Evet var. Ama oldukça popüler bir kurs – eğer ilgileniyorsanız, en kısa zamanda yer ayırtmalısınız.

Hiç sorun değil. Her seviyeye eğitim veriyoruz.

Peki. Bir dakika hatta kalır mısınız? Bir kalem alayım ve bilgilerinizi not edeyim . . .

Alo, aryoruru dans kursunuz için arıyorum.

Hangi günlerde kurs var?

Saat kaçta?

Boş yer var mı?

Bu dansı hiç bilmiyorum – bu sorun olur mu?

Bir yer ayırtabilir miyim, lütfen?

Grammar

Cardinal Numbers	Objective Definite Form	Ordinal Numbers
bir	biri	birinci
iki	ikisi	ikinci
üç	üçü	üçüncü
dört	dördü	dördüncü
beş	beşi	beşinci
altı	altısı	altıncı
yedi	yedisi	yedinci
sekiz	sekizi	sekizinci
dokuz	dokuzu	dokuzuncu
on	onu	onuncu
on iki	on ikisi	on ikinci
yirmi	yirmisi	yirminci
yirmi bir	yirmi biri	yirmi birinci
otuz	otuzu	otuzuncu

Vocabulary

(bir) sonraki: next (one)
bir bakayım: let's see, let me check
bilmek: (to) know; (to) learn
sorun: matter, problem
eğitmek/**eğitim ver**mek: (to) teach
boş: free; empty
peki: all right, very well, OK

…**ayırt**mak: (to) book…
not etmek: (to) note down
popüler: popular

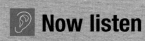

Now listen

Giving details

- Spelling my name
- Giving details
- Confirming arrangements

Alfabe:

A B C Ç D E
F G Ğ H I İ J
K L M N O Ö
P R S Ş T U Ü
V Y Z

> Soyadınız Miller mi yazılıyor? Kodlar mısınız, lütfen?

> Millar.
> Ankara'nın A'sı ile.
> M – I – L –
> L – A – R.

Tip

In Turkey, when people give their names, they put their given name (**Ayşe**, **Ali**) first, and then their surname (**Kayalı**):

Ayşe Kayalı
Ali Kayalı

After he/she introduces himself/herself, then call her:
Ayşe hanım (Miss/Mrs) or
Bayan Kayalı (Miss/Mrs)

and call him:
Ali **bey** or **Bay** Kayalı (Mr)

Don't call them by their given names, Ayşe or Ali, unless they invite you to do so.

Note that Turkish spelling is phonetic and the same letter always indicates the same sound. You can see the details on p.96.

 **Now listen**

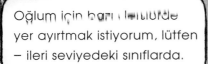

Oğlum için bazı derslerde yer ayırtmak istiyorum, lütfen – ileri seviyedeki sınıflarda.

Daha önce burada herhangi bir derse katıldı mı?

Hayır, katılmadı.

Peki – bazı bilgileri almam gerekli…Oğlunuzun adı nedir?

Kaan Tuğlu.

Heceler misiniz, lütfen?

Kaan Tuğlu – yani
Ka – an – Tuğ – lu
Adında yumuşak-g (ğ) yok.
Soyadında var.

Teşekkür ederim.
Kaç yaşında?

On üç yaşında.

Çok iyi. Buraya telefon numaranızı yazar mısınız?
İmzalayın, lütfen.

75 lira, lütfen.

Teşekkürler.

Öyleyse, kurs ayın 22'sinde saat 4.30'da (dört otuzda) başlıyor ve sekiz hafta devam ediyor.

Evet, doğru.

 Tip

You will also hear times given in the following way:

5.20	beş-yirmi
6.30	altı-otuz
8.55	sekiz-elli beş

The 24-hour clock is also used, particularly for travel, e.g. 20.40 (yirmi-kırk). When speaking though, people often change it back into the 12-hour clock, e.g. 8.40 – Tren sekiz-kırkta kalkacak.
The train leaves at eight-forty.

Vocabulary

kodlamak: (to) spell
hecelemek: (to) spell out by syllables
…için: for …
ileri seviye: advanced level
katılmak: (to) attend
bilgi: information, knowledge
yazmak: (to) write
imzalamak: (to) sign

öyleyse: so, if so, in that case
devam etmek: (to) continue, (to) go on

 Listening task

• Listen and write down the answers.

What is the class? When is it?
When does it start?

Grammar

Notice that **ğ (soft g)** never begins a word. It sounds like the English 'y' or it indicates that the preceding vowel is lengthened.

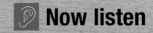 **Now listen**

Travelling by train

- Asking about train times
- Asking for other travel details
- Buying a ticket

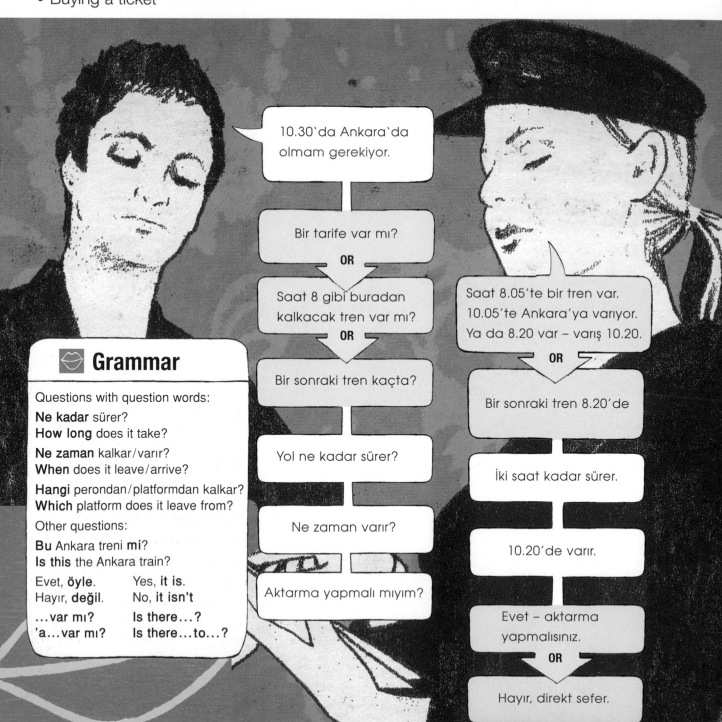

10.30'da Ankara'da olmam gerekiyor.

Bir tarife var mı?

OR

Saat 8 gibi buradan kalkacak tren var mı?

OR

Bir sonraki tren kaçta?

Yol ne kadar sürer?

Ne zaman varır?

Aktarma yapmalı mıyım?

Saat 8.05'te bir tren var. 10.05'te Ankara'ya varıyor. Ya da 8.20 var – varış 10.20.

OR

Bir sonraki tren 8.20'de

İki saat kadar sürer.

10.20'de varır.

Evet – aktarma yapmalısınız.

OR

Hayır, direkt sefer.

👄 Grammar

Questions with question words:

Ne kadar sürer?
How long does it take?

Ne zaman kalkar/varır?
When does it leave/arrive?

Hangi perondan/platformdan kalkar?
Which platform does it leave from?

Other questions:

Bu Ankara treni **mi**?
Is this the Ankara train?

Evet, **öyle**.   Yes, **it is.**
Hayır, **değil.**   No, **it isn't**

…**var mı**?   **Is there…?**
'a…**var mı**?   **Is there…to…?**

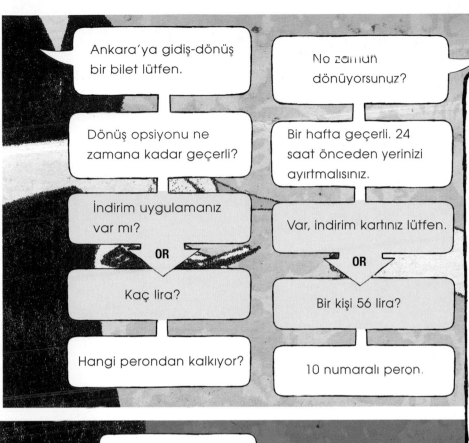

Ankara'ya gidiş-dönüş bir bilet lütfen.

No zaman dönüyorsunuz?

Dönüş opsiyonu ne zamana kadar geçerli?

Bir hafta geçerli. 24 saat önceden yerinizi ayırtmalısınız.

İndirim uygulamanız var mı?

Var, indirim kartınız lütfen.

OR

OR

Kaç lira?

Bir kişi 56 lira?

Hangi perondan kalkıyor?

10 numaralı peron.

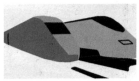

👁 Tip

Sometimes announcements are used to give up-to-date information in a train station. They aren't always very clear, so concentrate on listening for key words:

17:15 Ankara treni, yirmi dakika **geç/gecikmeli** kalkacaktır.
The17:15 train to Ankara will leave twenty minutes **late**.

Adana'ya 12:30, **ertelenmiştir**.
The 12:30 to Adana is **delayed**.

Bu sefer/servis **iptal** edilmiştir.
This service has been **cancelled**.

Afedersiniz. Bu Ankara treni mi?

Evet, öyle.

Bu bilet bu trende geçerli mi?

Hayır, değil. Bu dönüş bileti – gişede onaylanması gerekir.

👄 Grammar

In Turkish necessity is expressed by the suffix -**meli**/-**malı** (must, have to) added directly to the verb stem.

Git**meli**yim.
I **must** go/I **have to** go

Al**malı**.
He **must** take/He **has to** take.

The verb forms are:

(ben)	al**malı**yım	git**meli**yim
(sen)	al**malı**sın	git**meli**sin
(o)	al**malı**	git**meli**
(biz)	al**malı**yız	git**meli**yiz
(siz)	al**malı**sınız	git**meli**siniz
(onlar)	al**malı**(lar)	git**meli**(ler)

✋ Vocabulary

gerekmek: (to) need to
tarife: timetable
kalkmak: (to) leave, (to) depart; (to) stand
varmak: (to) arrive, (to) reach
ne kadar sürer: how long does it take
aktarma yapmak: (to) change (trains,etc.)
sefer: journey, voyage, expedition
gidiş: departure
dönüş: return
gidiş-dönüş: return ticket

geçerli: available, valid
indirim: discount
peron: platform
onaylanmak: (to) be approved/certified
opsiyon: option

👂 Now listen

At the airport

- Saying what I'm going to do
- Checking in at the airport

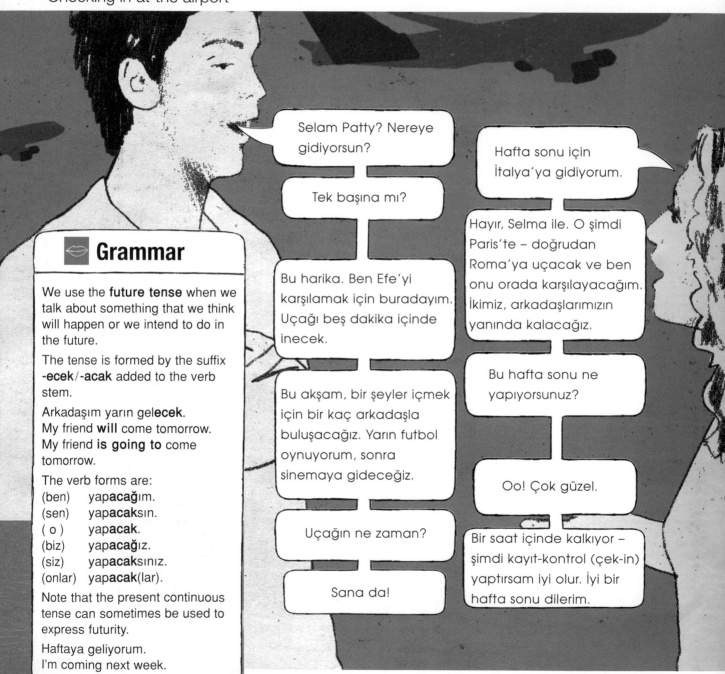

Grammar

We use the **future tense** when we talk about something that we think will happen or we intend to do in the future.

The tense is formed by the suffix **-ecek**/**-acak** added to the verb stem.

Arkadaşım yarın gel**ecek**.
My friend **will** come tomorrow.
My friend **is going to** come tomorrow.

The verb forms are:
(ben)   yap**acağ**ım.
(sen)   yap**acak**sın.
(o)   yap**acak**.
(biz)   yap**acağ**ız.
(siz)   yap**acak**sınız.
(onlar) yap**acak**(lar).

Note that the present continuous tense can sometimes be used to express futurity.

Haftaya geliyorum.
I'm coming next week.

Selam Patty? Nereye gidiyorsun?

Tek başına mı?

Bu harika. Ben Efe'yi karşılamak için buradayım. Uçağı beş dakika içinde inecek.

Bu akşam, bir şeyler içmek için bir kaç arkadaşla buluşacağız. Yarın futbol oynuyorum, sonra sinemaya gideceğiz.

Uçağın ne zaman?

Sana da!

Hafta sonu için İtalya'ya gidiyorum.

Hayır, Selma ile. O şimdi Paris'te – doğrudan Roma'ya uçacak ve ben onu orada karşılayacağım. İkimiz, arkadaşlarımızın yanında kalacağız.

Bu hafta sonu ne yapıyorsunuz?

Oo! Çok güzel.

Bir saat içinde kalkıyor – şimdi kayıt-kontrol (çek-in) yaptırsam iyi olur. İyi bir hafta sonu dilerim.

Now listen

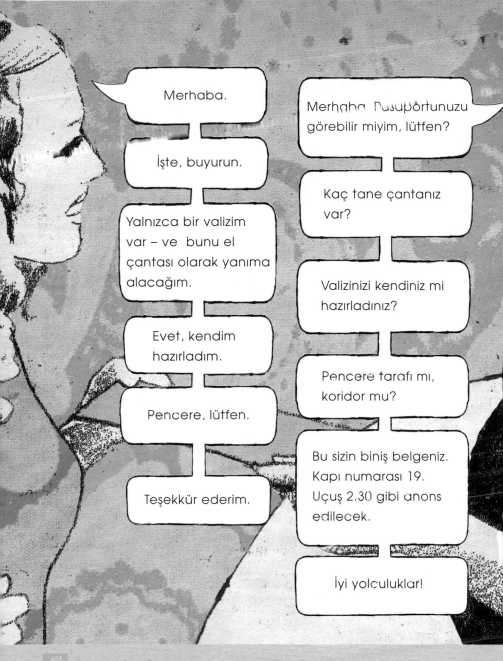

Merhaba.

İşte, buyurun.

Yalnızca bir valizim var – ve bunu el çantası olarak yanıma alacağım.

Evet, kendim hazırladım.

Pencere, lütfen.

Teşekkür ederim.

Merhaba. Pasaportunuzu görebilir miyim, lütfen?

Kaç tane çantanız var?

Valizinizi kendiniz mi hazırladınız?

Pencere tarafı mı, koridor mu?

Bu sizin biniş belgeniz. Kapı numarası 19. Uçuş 2.30 gibi anons edilecek.

İyi yolculuklar!

 **Tip**

The following phrases are useful for finding out about ongoing travel:

Affedersiniz…
Excuse me…
Şehir merkezine otobüs/tren var mı?
Is there a bus/train to the centre of town?
Otobüs durağı/tren istasyonu nerede(dir)?
Where is the bus stop/train station?
Bir tarife var mı?
Do you have a timetable?
…'a/e kadar taksi ücreti ne kadar tutar?
How much is the taxi fare to…?

Vocabulary

havaalanı: airport
uçak: airplane, aircraft
doğru(dan): direct, directly
uçmak: (to) fly
karşılamak: (to) welcome someone
inmek: (to) land; (to) descend
yanıma: to my side, by me
hazırlamak: (to) pack; (to) prepare
pencere: window

koridor: aisle
biniş belgesi: boarding pass
anons etmek: to announce
… gibi: around…; like…
valiz: suitcase
buluşmak: (to) meet

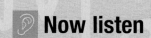 **Now listen**

Making a booking

- Booking a room in a hotel
- Booking a table in a restaurant

Bir oda ayırtmak istiyorum, lütfen.

Elbette. Ne zaman için?

Kasımın 9'undan 12'sine kadar.

9'undan 12'sine… üç gece için. Tek kişilik mi, çift mi?

Çift kişilik, duşlu.

Evet, duşu olan çift kişilik bir odamız var.

Kaç lira?

Bir gece 55 lira.

Kahvaltı dahil mi?

Evet, dahil.

Tutuyorum. Benim adım Bora Kayalı.

Kredi kartı numaranızı alabilir miyim, Bora bey?

Evet, elbette. 6544…

Teşekkür ederim, Bora bey. Ayın 9'unda sizi bekliyoruz. Görüşmek üzere.

Tip

Otel

Some useful phrases if you're travelling and booking accommodation as you go:

Bu akşam/iki akşam için **tek kişilik/çift kişilik boş** odanız var mı?

Do you have a **single/double** room **free** for tonight/two nights?)

Dört kişilik **banyolu** odanız/ **süit** odanız var mı?

Do you have a room for four people **with a bath-room/a suite room?**

Süit odayı **görebilir miyim/görebilir miyiz?**

Can I/we see the suite room, please?

 **Now listen**

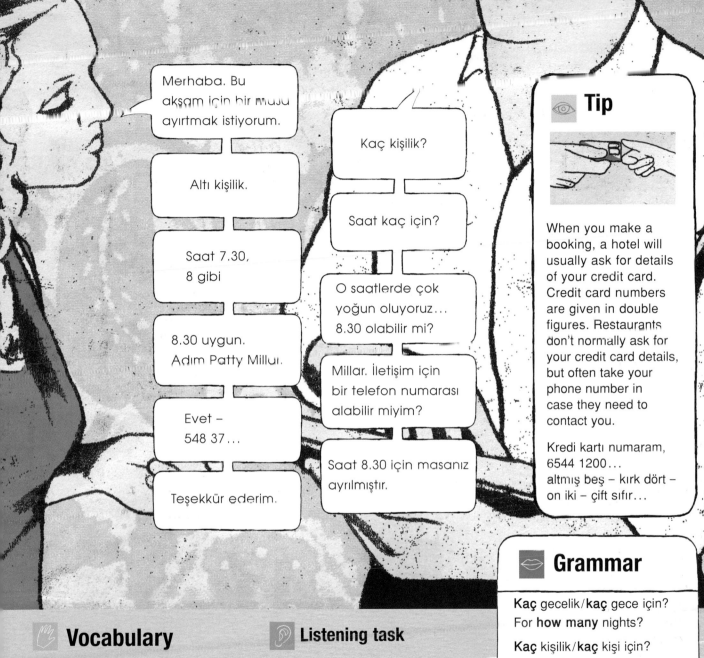

Merhaba. Bu akşam için bir masa ayırtmak istiyorum.

Altı kişilik.

Saat 7.30, 8 gibi

8.30 uygun. Adım Patty Millar.

Evet – 548 37...

Teşekkür ederim.

Kaç kişilik?

Saat kaç için?

O saatlerde çok yoğun oluyoruz... 8.30 olabilir mi?

Millar. İletişim için bir telefon numarası alabilir miyim?

Saat 8.30 için masanız ayrılmıştır.

👁 Tip

When you make a booking, a hotel will usually ask for details of your credit card. Credit card numbers are given in double figures. Restaurants don't normally ask for your credit card details, but often take your phone number in case they need to contact you.

Kredi kartı numaram, 6544 1200...
altmış beş – kırk dört – on iki – çift sıfır...

👋 Vocabulary

tek kişilik: single
çift kişilik: double
duş / duşlu: shower / with a shower
kahvaltı: breakfast
dahil: included
tutmak: (to) take; (to) hire; (to) keep
beklemek: (to) wait, (to) await
yoğun olmak: (to) be busy
çok yoğun: very busy
iletişim: contact, communication
gürüşmek üzere: see you

👂 Listening task

• Listen and note down the details.

What kind of room does Patty want?

When does she want it and for how long?

How much does it cost?

👄 Grammar

Kaç gecelik / **kaç** gece için?
For **how many** nights?

Kaç kişilik / **kaç** kişi için?
For **how many** people?

Bu akşam **için** / Cumartesi **için** bir masa ayırtmak istiyorum.
I'd like to book a table **for** tonight / **for** Saturday.

bir gece / **bir** devre 55 Lira
55 Lira **a** night / **a** term

👂 Now listen

Visiting a friend

- Giving/accepting/refusing an invitation
- Making/accepting/refusing an offer
- Learning some snacks and drinks

> Bana kahve içmeye gelir misiniz?

> Sağ ol – sevinirim!

> Üzgünüm, gelemem.

 Tip

Notice that we say,

Ne alır**sın**?/…alır m**ısın**?

when we are talking to one person.

We say:

Ne alır**sınız**?/…alır m**ısınız**?

when we are talking to more than one person or to a person in formal or polite way.

Grammar

Bir bisküvi Biraz daha kek Biraz süt Bir sandviç Biraz daha	**… alayım, lütfen.** I'd like…, please
Çay Bir fincan kahve Biraz şeker Bir bardak su Biraz daha	**… alabilir miyim, lütfen?** Could I have…, please?

> Kahve mi, çay mı seversiniz?

> Ben kahve alayım, lütfen.

> Ben çay alabilir miyim, lütfen?

> Lütfen bisküvileri kendiniz alın.

> Biraz daha kek ister misiniz?

> Evet, lütfen… Çok lezzetli!

> Hayır, sağ ol. Bu yeterli.

> Biraz daha kahve, Aslı?

> Teşekkür ederim.

Now listen

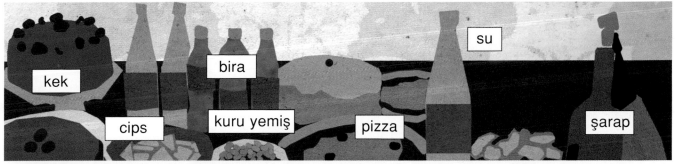

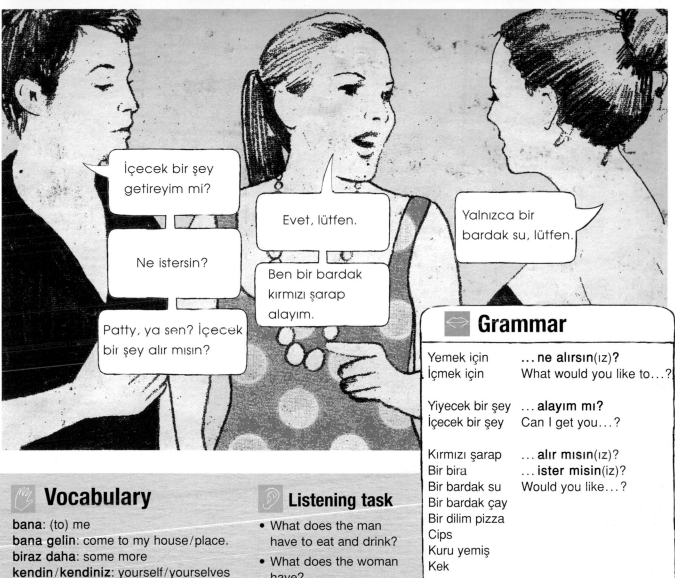

Grammar

| Yemek için | ... ne alırsın(ız)? |
| İçmek için | What would you like to...? |

| Yiyecek bir şey | ... alayım mı? |
| İçecek bir şey | Can I get you...? |

Kırmızı şarap	... alır mısın(ız)?
Bir bira	... ister misin(iz)?
Bir bardak su	Would you like...?
Bir bardak çay	
Bir dilim pizza	
Cips	
Kuru yemiş	
Kek	

Vocabulary

bana: (to) me
bana gelin: come to my house/place.
biraz daha: some more
kendin/kendiniz: yourself/yourselves
lezzetli: delicious
yeterli: enough
yalnızca: only, just
yemek: (to) eat, food
içmek: (to) drink, drinking, drink
bardak: glass, cup

Listening task

- What does the man have to eat and drink?
- What does the woman have?

Now listen

Ordering in a café

- Saying how I'm feeling
- Making a suggestion
- Ordering a drink/snack

| Acıktım. | Susadım. | Üşüdüm. | Terledim. | Yoruldum. |

Bir kahve molası verelim mi?

Kristal Kafe'ye gidelim mi?

İyi fikir. Gerçekten çok yoruldum.

Bu çok iyi olur!

👄 Grammar

I've become very…	I'm very…
Çok yoruldum.	Çok yorgunum.
Çok acıktım.	Çok açım.
Çok susadım.	Çok susuzum.
Çok üşüdüm.	(not used)
Çok terledim.	Çok terliyim.

(Ben)	çok acıktım.	açım.
(Sen)	çok acıktın.	açsın.
(O)	çok acıktı.	aç.
(Biz)	çok acıktık.	açız.
(Siz)	çok acıktınız.	açsınız.
(Onlar)	çok acıktı(lar).	açlar.

👂 **Now listen**

Mönü'yü görebilir miyiz, lütfen?

Elbette, buyurun.

Sen ne alıyorsun?

Çok acıktım…kahve ve bir sandviç alacağım, sanırım. Tavuklu ve domatesli sandviç. Ya sen?

Karar veremiyorum. Tatlı bir şey yemeyi düşünüyorum.

Çikolatalı keke ne dersin?

Evet, çok iyi olur.

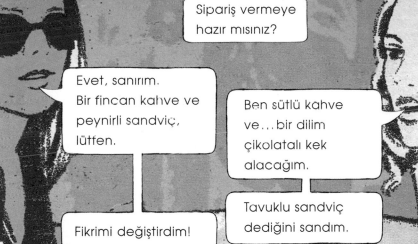

Sipariş vermeye hazır mısınız?

Evet, sanırım. Bir fincan kahve ve peynirli sandviç, lütfen.

Ben sütlü kahve ve…bir dilim çikolatalı kek alacağım.

Tavuklu sandviç dediğini sandım.

Fikrimi değiştirdim!

Tip

In Turkish, **lütfen** (please) is used whenever you ask for something and **teşekkür ederim** (thank you) whenever someone gives you something or does something for you. It's considered a bit rude to say just evet (yes) or hayır (no).

To get a walter's attention when you are eating out, say **Lütfen, bakar mısınız!** Gesturing or making a sound to make him/her notice you is also considered rude.

Grammar

You use **Ne alırsın(ız)?/Ne istersin(iz)?** (What would you like?) if you are offering something that is yours or that you will pay for. In a situation like a restaurant, where you're going to share the cost, use **Sen ne alıyorsun?/Siz ne alıyorsunuz?** (What are you having?).

Sanırım bir sandviç alacağım.
I think I'll have a sandwich.

Ya, sen?
What about you?

Evet, **sanırım**.
Yes, **I think so**.

Hayır, **sanmıyorum**.
No, **I don't think so**.

Vocabulary

mola: time out; rest
iyi fikir: good idea
karar vermek: (to) decide
…ne dersin: what about…, do you fancy
çok iyi olur: it/that sounds good
sipariş: order
sipariş vermek: (to) give an order
hazır: ready, prepared

hazır olmak: (to) be ready
fikrini değiştirmek: (to) change…mind
fincan: cup
mönü: menu
dilim: slice

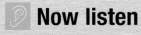 **Now listen**

Ordering in a restaurant

- Reading a menu
- Asking what things are
- Ordering a meal

MÖNÜ

Salatalar / Mezeler

Salata yeşil salata, çoban salata, piyaz
Meze arnavut ciğeri, patlıcan kızartma,
zeytinyağlı dolma

Spesiyal

Mantar soslu biftek 8,25 YTL
Hamsili pilav 7,75 YTL
Beşamel soslu pirzola 10 YTL

Ana Yemekler

Et kızarmış tavuk, köfte,
şiş kebap, döner kebap
Balık çinekop, barbunya
Vejeteryan mönü mantarlı ıspanak, börek

Tatlılar

Türk tatlıları baklava, künefe
Dondurma vanilyalı dondurma,
çilekli dondurma
Meyve kavun, karpuz,
meyve salatası

 Tip

It can be difficult to go into a restaurant and know what everything on the menu is. So learn the vocabulary for ingredients (biber, elma, etc.) and go prepared to ask:

... nedir?
What's / What are ... ?

...'nın içinde ne var?
What's in ... ?

İçinde et/yumurta/soğan var mı?
Does it contain
meat/eggs/onions?

Biberli/soğanlı/etli, lütfen.
with ..., please

Bibersiz/soğansız/etsiz, lütfen.
without ..., please

Şarap

Villa Doluca
Villa Antik
4,25 YTL/kadeh
15,95 YTL/şişe

Saat 8.30 için bir masa ayırtmıştım. Patty Millar adına.

Evet, iki kişilik bir masa. Buradan buyurun, lütfen.

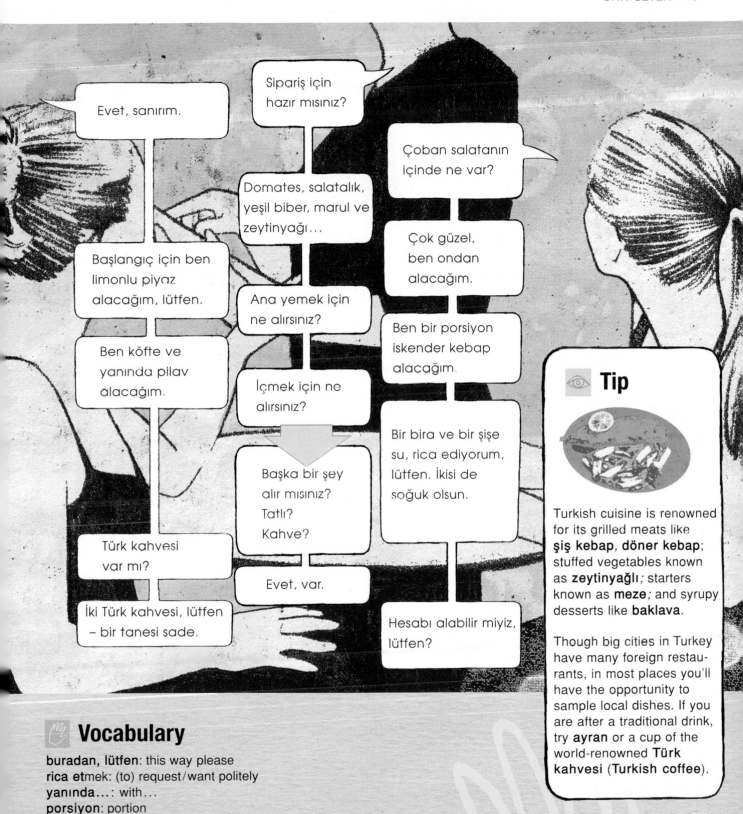

Sipariş için hazır mısınız?

Evet, sanırım.

Domates, salatalık, yeşil biber, marul ve zeytinyağı…

Çoban salatanın içinde ne var?

Başlangıç için ben limonlu piyaz alacağım, lütfen.

Çok güzel, ben ondan alacağım.

Ben köfte ve yanında pilav alacağım.

Ana yemek için ne alırsınız?

Ben bir porsiyon iskender kebap alacağım.

İçmek için ne alırsınız?

Başka bir şey alır mısınız? Tatlı? Kahve?

Bir bira ve bir şişe su, rica ediyorum, lütfen. İkisi de soğuk olsun.

Türk kahvesi var mı?

Evet, var.

İki Türk kahvesi, lütfen – bir tanesi sade.

Hesabı alabilir miyiz, lütfen?

👁 Tip

Turkish cuisine is renowned for its grilled meats like **şiş kebap**, **döner kebap**; stuffed vegetables known as **zeytinyağlı**; starters known as **meze**; and syrupy desserts like **baklava**.

Though big cities in Turkey have many foreign restaurants, in most places you'll have the opportunity to sample local dishes. If you are after a traditional drink, try **ayran** or a cup of the world-renowned **Türk kahvesi** (Turkish coffee).

✍ Vocabulary

buradan, lütfen: this way please
rica etmek: (to) request/want politely
yanında…: with…
porsiyon: portion
sade (kahve): unsweetened coffee
hesap almak: (to) have the bill

In my free time

- Talking about my free time activities
- Saying when and how often I do things

Boş zamanlarında ne yaparsın?

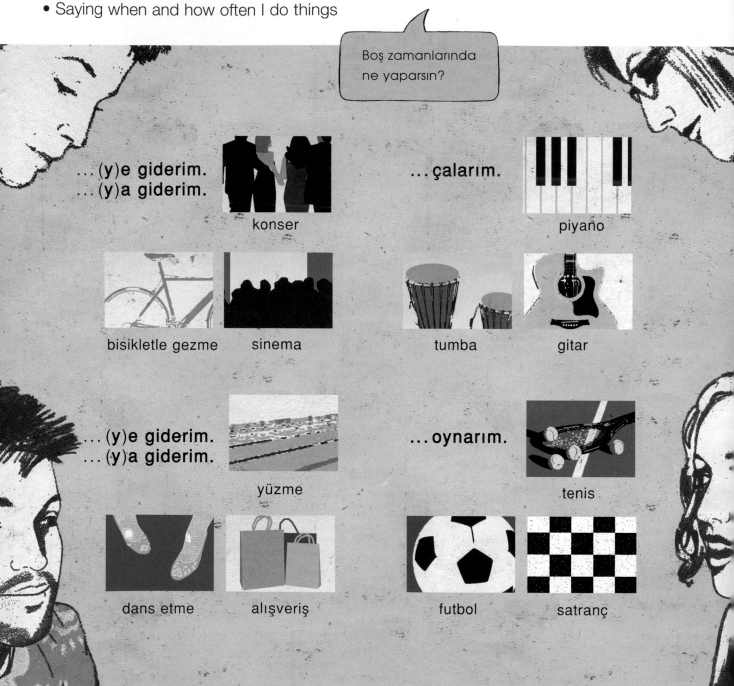

... (y)e giderim.
... (y)a giderim.

konser

...çalarım.

piyano

bisikletle gezme   sinema

tumba   gitar

... (y)e giderim.
... (y)a giderim.

yüzme

...oynarım.

tenis

dans etme   alışveriş

futbol   satranç

Now listen

Haftada bir kez
tenis oynarım.

Her Çarşamba
sinemaya giderim.

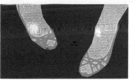

Tip

People often ask about your hobbies and interests, so be prepared. Use a dictionary to find out the words for any activities you don't know and be ready to say how often you do them and to give your opinion on them too.

Note that the expression **Çok severim/Çok hoşlanırım** means **I love** and **Severim/Hoşlanırım** means **I like**.

Hafta sonları ailemi
görürüm. Onlar
bana yemeğe
gelirler.

Haftada iki
kere yüzmeye
giderim.

Ne zaman istersem,
dışarıda yerim.

Akşamları televizyon
izlerim veya
kitap okurum.

Grammar

Ne sıklıkta (Ne kadar sık) yüzmeye gidersin(iz)?
How often do you go swimming?

her Cumartesi
every Saturday

günde **bir kez/bir kere**
once a day

haftada **iki kez/iki kere**
twice a week

ayda **üç kez/üç kere**
three times a month

sabahleyin/sabahları
in the morning

öğleyin/öğlende
at noon

öğleden sonra(ları)
in the afternoon

akşamleyin/akşamları
in the evening

geceleyin/geceleri
at night

Pazar sabahları,
geç saate kadar
uyurum.

Haftada üç kez
gitar dersim var.

Perşembe günleri
bir kursa gidiyorum
– yemek pişirmeyi
öğreniyorum.

Vocabulary

ne zaman istersem: whenever I want
okumak: (to) read
geç: late
geç kalmak: (to) be late
uyumak: (to) sleep
yemek pişirmek: (to) cook
öğrenmek: (to) learn; (to) study

Grammar

Sen/Siz ne zaman…?
When do you…?

Pazartesi günleri
on Mondays

Salı sabahları
on Tuesday mornings

Talking about what I like

- Saying what I like/don't like watching on television
- Talking about what's on

> Televizyonda ne izlemeyi seversin?

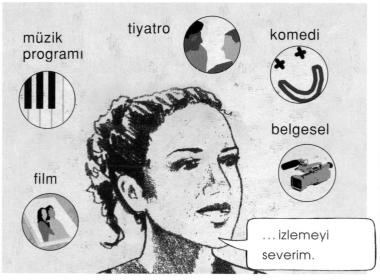

müzik programı

tiyatro

komedi

belgesel

film

> ...izlemeyi severim.

haber

hava durumu

dizi

> ...izlemem.

yarışma programı

çizgi film

spor programı

reklam

tartışma programı

> ...izlemeyi sevmem.

👄 Grammar

Sevdikleriniz ve sevmedikleriniz
Likes and dislikes

müziği	severim.
müzik dinlemeyi	severim.
komedi	izlerim.
çizgi filmleri	tercih ederim.
reklam(ları)	sevmem.
reklamları izlemeyi	sevmem.
spor programı	izlemem.

👁 Tip

Television is not only a good topic of conversation, it's also a great way to practise your Turkish. Start with programmes which have a familiar format – news, game shows, adverts, the weather forecast. You know the kind of language that is going to be used and this will help you work out words you don't know.

👂 **Now listen**

Bu akşam televizyonda en sevdiğim film var.

Ne tür bir film?

Korku filmi. Gerçekten korkunç.

Oo – hayır, sağ ol! Bu tür filmleri gerçekten sevmiyorum.

Ne izlemeyi seversin?

Komedileri severim. Bazen tiyatro izlerim – eğer eğlenceli olursa.

Bu akşam ne izlemek istersin?

8.45'de futbol…

Ne var?

Yine mi futbol! Ben kesinlikle izlemem.

…veya polisiye film veya yunuslar hakkında belgesel.

Belgesel kaçta?

Dışarıya çıkmaya ne dersiniz?

İyi fikir!

Bence çok sıkıcı!

8.15'de.

Ben de – ama yunuslar hakkında belgeselleri değil.

Belgeselleri polisiye filmlere tercih ederim.

Grammar

Ne kadar sık… seyredersin(iz)?	
her zaman	always
bazen	sometimes
hiç	never

Düşünceler/ Opinions	ilginç
	sıkıcı
O/Onlar	heyecanlı
(çok)…	hareketli
	komik
It's/They're	üzücü
(very)…	bilgilendirici
	eğlendirici

Oldukça (quite) and **gerçekten** (really) can be useful words if you want to be a bit less direct about your opinions (the people here know each other well!).

… tercih ederim (I prefer…) is also a polite way of expressing an opinion.

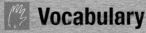 **Vocabulary**

ilgilenmek: (to) mind; (to) concern
ne tür: what kind of
korku: horor
korkunç: scary
eğlenceli: entertaining
yine mi!: again!
yunus: dolphin
dışarı(ya) çıkmak: (to) go out
hakkında: about
tercih etmek: (to) prefer

Listening task

• What's on and when?
• What programmes do the man and the woman like?

 **Now listen**

What I like doing

- Talking about the weather
- Saying what I like doing
- Saying what I will or won't do, depending on the weather

Hava güneşliyken, kırda yürüyüşe gitmeyi severim.

Kar yağarken, evde oturmayı ve kitap okumayı severim.

Yağmur yağarken, DVD izlemeyi severim.

Her havada, alışverişe gitmeyi severim.

Grammar

Yağmur yağ**ar**.
It rain**s**.

Yağmur yağar**sa**,...
If it rains,...

Yağmur yağar**ken**,...
When it rains,...
When it's raining,...

Kar yağarken, evde olmayı severim.
When it's snowing, I like being at home.

(**Hava**) **güneşliyken**, yüzmeyi severim.
When it's sunny, I like swimming.

Now listen

Yarın ne yapacağız?

Eğer hava rüzgarlı olursa,
yürüyüşe gideceğiz.

Eğer hava soğuk olursa,
tenis oynamayacağım.

Hafta sonu sıcak olursa,
plaja gideceğim.

Yarın hava ılık olursa,
yüzmeye gideceğiz.

Vocabulary

hava: weather; air
kırda/kırlarda: in the country
yürüyüş: a walk, walking
evde oturma: staying in/at home
her havada: in any weather
tomorrow: yarın
plaj: beach
rüzgarlı: windy
soğuk: cold
sıcak: hot
ılık: warm
eğer: if, whether; but

Grammar

When you are talking about something that you think will definitely happen you say:

Telaşlanma – yarın orada **olacağım**!
Don't worry – **I'll be** there tomorrow!

When you are talking about something you intend to do in the near future if a certain condition is fulfilled, then you say:

(**Eğer**) Yarın zamanım olur**sa**, oraya gid**eceğim**.
If I have time tomorrow, **I will** go there.
(**Eğer**) Buraya gelir**sen**, mutlu ol**acağım**.
(**Eğer**) Buraya gelir**sen**, mutlu ol**urum**.

Note that the verb in the Eğer (If) part of the sentence is in the present simple tense, even though it refers to the future. The word Eğer may come at the beginning of the If part but it is usually omitted since the suffix -**se**/-**sa** is the main conditional sign. The second part of the sentence (then what) can be either in the future tense or in the present simple tense.

Kar yağ**maz**sa, dışarıya çık**arım**.
If it **does not** snow, I (**will**) go out.

Now listen

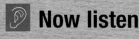

Review 2

1 You're at the train station. Write the questions.

1	tren kalkıyor – ne zaman?	Buradan Ankara'ya bir sonraki tren ne zaman kalkıyor?
2	varıyor?	
3	ne – sürer?	
4	aktarma?	
5	gidiş-dönüş?	
6	Ankara treni?	
7	peron – kalkar?	
8	bilet – geçerli?	

2 Say what these people are doing next week.

1 Salı Paris uçakla – Bora   Gelecek Salı Bora uçakla Paris'e gidiyor.

2 Cuma jimnastik git – Berna

3 Pazartesi İngilizce çalış – Aslı

4 Pazar hiçbir şey – ben

5 Cumartesi yemeğe git – sen

3 Put the words in the right order.

1 şey bir için içmek misin ister ?   İçmek için bir şey ister misin?

2 kendiniz lütfen alın bisküvileri

3 alacağım ben kahve sandviç bir ve

4 misin ister çikolatalı dilim bir kek ?

5 porsiyon patates iki kızarmış lütfen

6 günü her Cuma giderim sinemaya

7 çalarım üç kere haftada piyano

8 hafta çıkarım dışarıya arkadaşlarımla sonları

9 izlemek ne bu akşam televizyonda istersin ?

10 olursa sıcak eğer oynayacağız futbol yarın

4 Order in a restaurant.

Answer the waiter using the words given. Prepare your answers, then listen to the recording and join in. Look back at Unit 7 if you need help.

- Sipariş vermeye hazır mısınız?
- evet / başlangıç için, balık çorbası
- Ana yemek olarak ne alırsınız?
- … nın içinde ne var?
- Tartın içinde elma, peynir ve krema var.
- iyi / onu
- Onun yanında sebze veya salata alır mısınız?
- sebze / havuç
- İçmek için ne alırsınız?
- bira / sade kahve

5 Say what you like doing.

Answer Patty using the words given. Prepare your answers, then listen to the recording and join in. Look back at Unit 8 if you need help.

- Hafta sonları ne yapmayı seversin(iz)?

— Cuma akşamı / sinema / arkadaşlar

Cuma akşamları arkadaşlarla sinemaya gitmeyi severim.

— Cumartesi / tenis oynamak

— Pazar / evde oturmak / televizyon izlemek

- Bu hafta sonu ne yapıyorsun(uz)?
- Milano / gitmek

I don't feel well

- Learning body vocabulary
- Saying I feel ill
- Saying what's wrong with me

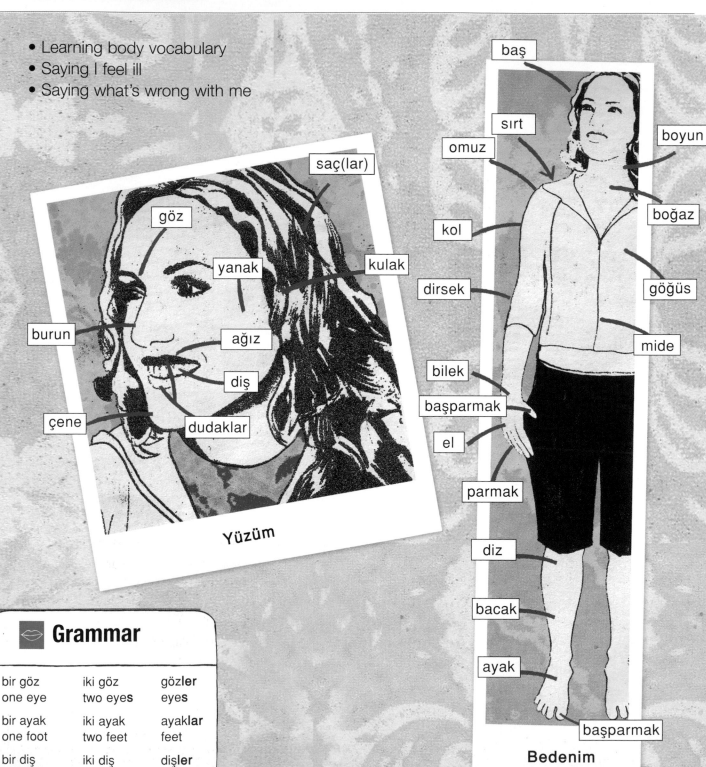

saç(lar)

göz

yanak

kulak

burun

ağız

diş

çene

dudaklar

Yüzüm

baş

sırt

omuz

boyun

kol

boğaz

dirsek

göğüs

mide

bilek

başparmak

el

parmak

diz

bacak

ayak

başparmak

Bedenim

👄 Grammar

bir göz	iki göz	gözler
one eye	two eyes	eyes
bir ayak	iki ayak	ayaklar
one foot	two feet	feet
bir diş	iki diş	dişler
one tooth	two teeth	teeth

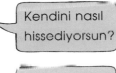
Kendini nasıl hissediyorsun?

İyi hissetmiyorum.

Boğazım çok acıyor.

Hastayım.

Ağrım var.

Omuzum ağrıyor.

Midem ağrıyor.

Nezle oldum.

Ateşim var.

Midem bulanıyor.

Başım dönüyor.

Kulağım ağrıyor.

Parmağım acıyor.

Vocabulary

hissetmek: (to) feel
iyi: well, good
acımak: (to) hurt, (to) ache
hasta: sick, ill; patient
ağrı: pain, ache
ağrımak: (to) hurt, (to) suffer sharp pain
nezle olmak: (to) catch a cold
ateş: temperature, fever
mide: stomach
midesi bulanmak: (to) be nauseated
başı dönmek: (to) feel dizzy

Tip

Imagine you are ill and you want to talk about how you feel:

ateşim/nezlem/ağrım ... **var.**
I have a.../I've got a...

başım/kulağım/ayağım ... **ağrıyor/acıyor.**
... hurt(s)./... is sore.

Hastayım	I feel sick.
Başım dönüyor.	I feel dizzy.
Midem bulanıyor.	I feel nauseous.
Titriyorum.	I feel shivery.

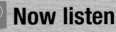 **Now listen**

At the chemist's

- Describing symptoms
- Asking for and understanding advice
- Buying medicines

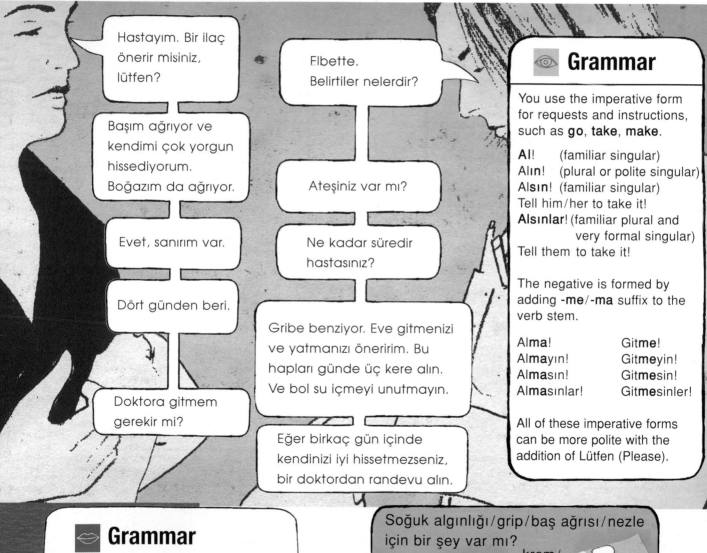

Hastayım. Bir ilaç önerir misiniz, lütfen?

Başım ağrıyor ve kendimi çok yorgun hissediyorum. Boğazım da ağrıyor.

Evet, sanırım var.

Dört günden beri.

Doktora gitmem gerekir mi?

Elbette. Belirtiler nelerdir?

Ateşiniz var mı?

Ne kadar süredir hastasınız?

Gribe benziyor. Eve gitmenizi ve yatmanızı öneririm. Bu hapları günde üç kere alın. Ve bol su içmeyi unutmayın.

Eğer birkaç gün içinde kendinizi iyi hissetmezseniz, bir doktordan randevu alın.

👁 Grammar

You use the imperative form for requests and instructions, such as **go**, **take**, **make**.

Al! (familiar singular)
Alın! (plural or polite singular)
Alsın! (familiar singular)
Tell him/her to take it!
Alsınlar! (familiar plural and very formal singular)
Tell them to take it!

The negative is formed by adding **-me/-ma** suffix to the verb stem.

Alma!	**Gitme**!
Almayın!	**Gitmeyin**!
Almasın!	**Gitmesin**!
Almasınlar!	**Gitmesinler**!

All of these imperative forms can be more polite with the addition of Lütfen (Please).

👄 Grammar

(Size)... öneririm/öğütlerim.
I suggest/advise/recommend...
bu ilacı
bu ilacı kullanma**nızı**
bu kremi/bu merhemi
bu kremi sürme**nizi**
dinlenme**nizi**
uyuma**nızı**

Soğuk algınlığı/grip/baş ağrısı/nezle için bir şey var mı?

krem/merhem

sargı bezi

yara bandı

aspirin/parasetamol

öksürük şurubu

boğaz pastili

antibiyotik

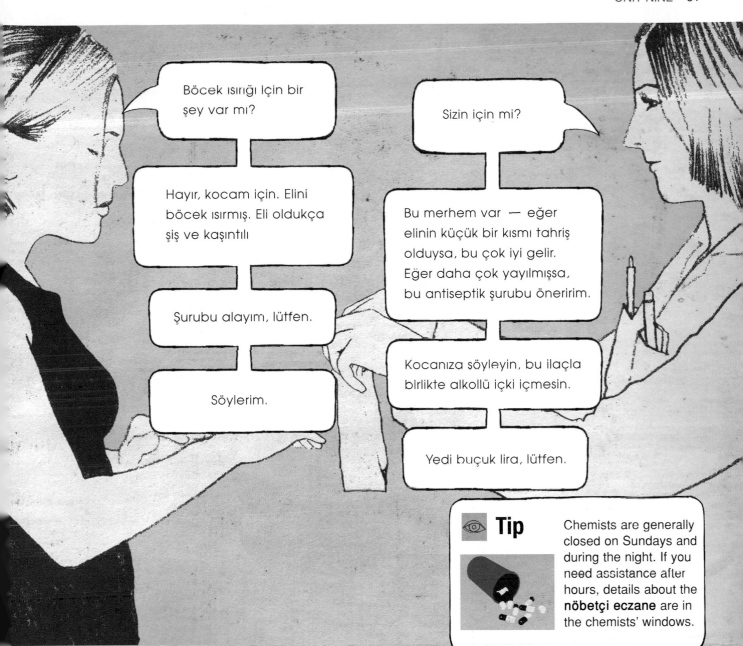

Böcek ısırığı İçin bir şey var mı?

Sizin için mi?

Hayır, kocam için. Elini böcek ısırmış. Eli oldukça şiş ve kaşıntılı

Bu merhem var — eğer elinin küçük bir kısmı tahriş olduysa, bu çok iyi gelir. Eğer daha çok yayılmışsa, bu antiseptik şurubu öneririm.

Şurubu alayım, lütfen.

Kocanıza söyleyin, bu ilaçla bİrlikte alkollü içki içmesin.

Söylerim.

Yedi buçuk lira, lütfen.

👁 Tip

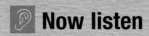

Chemists are generally closed on Sundays and during the night. If you need assistance after hours, details about the **nöbetçi eczane** are in the chemists' windows.

🖐 Vocabulary

eczane: chemist, pharmacy
eczacı: chemist, pharmacist
soğuk algınlığı: cold, chill
belirtiler: symptoms
grip: flu
benzemek: (to) sound like...; (to) be like
yatmak: (to) go to bed, (to) be in bed
hap/ilaç: pill, tablet/medicine
unutmak: (to) forget
randevu almak: (to) make an appointment

böcek ısırığı: insect bite
şiş ve kaşıntılı: swollen and itchy
tahriş olmak: (to) be irritated
yayılmış: widespread
söylemek: (to) tell, say, explain
elbette: of course
bol: much, many, a great deal

👂 Listening task

- What are the customer's symptoms?
- What medicine does the pharmacist suggest?
- What else does he advise?

👂 Now listen

At the doctor's

- Making an appointment
- Explaining symptoms in more detail
- Understanding instructions

Alo. Bir randevu rica ediyorum, lütfen?

Evet – Ne zaman için?

Eğer mümkünse, bugün için.

Bir bakayım… 4.45 sizin için uygun mu?

Evet, bu çok iyi olur.

Adınız, lütfen…

Patty Millar

Patty Millar. Teşekkür ederim. 4.45 – Doktor Akdağ. Üst kattaki bekleme salonunda bekleyin, o sizi adınızla çağıracak.

👄 Grammar

Useful phrases:

oğlum / kızım / kocam / karım

bugün / yarın / Cuma günü / gelecek hafta

… için randevu alabilir miyim?

Can I make an appointment for…?

bugün / yarın / Salı günü

… için (bir) randevunuz var mı?

Do you have (an) appointment for…?

👂 **Now listen**

Merhaba – lütfen oturun ... Şimdi, sizin için ne yapabilirim?

Boğazım çok acıyor.

Ne zamandan beri acıyor?

Pazartesiden beri. Boğazım o kadar acıyor ki, yemek bile yiyemiyorum. Dirseğim de çok ağrıyor ve kendimi hep yorgun hissediyorum.

Bir bakalım...
Ah, evet. Enfeksiyon var.
Size bir antibiyotik yazacağım.

Hapları ne sıklıkta almam gerekir?

Günde üç kere yemeklerden sonra iki tane hap alın. Bir hafta boyunca almanız gerekir. Dinlenebildiğiniz kadar dinlenmelisiniz. Bol su içmeyi unutmayın – işte, reçeteniz. Hafta sonuna kadar kendinizi iyi hissetmez-seniz, gelin ve tekrar beni görün.

 Grammar

You can use the suffix -**meli**/**malı** (should) or the verb **gerek**mek (need to) to give advice or an instruction.

Remember that -**meli**/**malı** is also used for must/have to.

Dinlen**meli**sin(iz).
Dinlenmen(iz) **gerek**(ir).

Bunları her gün al**malı**sın(ız).
Bunları her gün alman(ız) **gerek**.

Time phrases:

günde üç **kez**/**kere**/**defa**
three **times** a day

yemeklerden **önce**/**sonra**
before/**after** meals

bir hafta **boyunca**/**süresince**
during a week

 Vocabulary

eğer mümkünse: if possible
uygun: appropriate, suitable
üst kat(ta): upstairs
bekleme odası: waiting room
çağırmak: (to) call; (to) invite
oturmak: (to) sit (down)
o kadar ... ki: so ... that
yemek: meal
yemek yemek: (to) eat
hep: all the time, always
reçete: prescription
ne sıklıkta: how often

dinlenmek: (to) rest
bol ...: plenty of ...

 Listening task

You'll hear a doctor giving three different people some instructions. Listen and note the advice given.

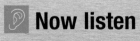 **Now listen**

Finding out about a job

- Understanding a job advertisement
- Phoning to find out more
- Outlining my experience

ELEMAN ARAYANLAR

Word ve Excel
kullanımında deneyimli
PART-TIME
RESEPSİYON GÖREVLİSİ
ARANIYOR

MEVSİMLİK ELEMANLAR

Spor/eğlence merkezi
aşağıdaki bölümlerde
görevlendirilmek üzere
mevsimlik elemanlar
aramaktadır:
• yüzme havuzu
• çocuk tatil kulübü

• jimnastik kompleksi
İstenen özellikler:
sosyal ilişkileri güçlü,
presentabl, azimli ve
ekip ruhuna sahip.
Dolgun ücret.

Esnek çalışma saatleri.

GARSON ARANIYOR

Hafta sonları
restoranda
çalışacak
bay/bayan
GARSON

**Fransızca, İspanyolca
İngilizce veya Almanca
biliyor musunuz?**

İnsanlarla iletişim içinde
olmayı ve
seyahat etmeyi
seviyor musunuz?

Amerikalı öğrenci grupları ile
seyahat edebilecek tur rehberi
aranmaktadır.

Grammar

To talk about something
that you used to do for a
time in the past, you use
both the present simple
and the past simple tense
suffixes.

gid**er**im	I go
git**ti**m	I went
gid**erdi**m	I **used to** go
git**me**m	I don't go
git**me**dim	I didn't go
git**mez**dim	I **didn't used to** go

O kız Ankara'da yaş**ardı**
ama şimdi İstanbul'da
yaşıyor.

That girl **used to** live in
Ankara but now she lives
in İstanbul.

Grammar

**seyahat etme olanağı
the opportunity to travel**

yurt dışına gitme olanağı

İtalyanca öğrenme olanağı

**seyahat etme fırsatı
the chance to travel**

İtalyanca konuşma fırsatı...

Paris'i görme fırsatı...

Yaz için bir iş
arıyorum. Bununla
ilgili ne dersin?

Harika! Seyahat
etme ve yabancı
dilini kullanma
fırsatın olur.

Merhaba, benim adım Bora Kayalı. Hürriyet gazetesindeki tur rehberi ilanınız için arıyorum. Bu iş hakkında daha detaylı bilgi verebilir misiniz?

Elbette. Amerikalı turist grupları ile Avrupa'da seyahat edebilecek rehberler arıyoruz. Rehberlerimiz turist gruplarımızla ilgilenecek, çevre hakkında bilgi verecek, yemekleri ve gezileri düzenleyecek, herhangi bir sorunu çözecek.

Oldukça ilginç görünüyor.

Sizin bu alanda deneyiminiz var mı?

Tur rehberi olarak yok ama çok iyi Fransızca ve biraz İspanyolca biliyorum. Öğretmen olarak çalışırdım, bu nedenle grupların organizasyonu konusunda deneyimim var. Ayrıca seyahat etmeyi gerçekten severim.

Bu çok iyi. Eğer başvurmayı düşünüyorsanız, size e-mail adresimi verebilirim ve siz de bize özgeçmişinizi gönderirsiniz.

Evet, lütfen.

b.karlioglu@...

 ## Vocabulary

eleman arayanlar: situations vacant/wanted
deneyim(li): experience(d)
ilan: advert, advertisement
bilgi vermek: (to) inform about, (to) tell about
tur rehberi: tour guide
ilgilenmek: (to) look after
düzenlemek: (to) arrange, (to) organize
sorun çözmek: (to) eliminate/sort out a problem
başvurmak: (to) apply
başvuru: application
göndermek: (to) send; forward
özgeçmiş: CV (curriculum vitae)

 Tip

When applying for a job, it's important to present yourself very positively. However, you should also be aware that in general conversation in Turkey people tend to use expressions which play down their abilities and skills.

Teniste **oldukça** iyiyim.
I'm **quite** good at tennis.

Fransızcada **çok kötü değil**im.
I'm **not too bad** at French.

Şarkı söyleyebilirim ama **çok iyi değil**.
I can sing, but **not very well**.

 Now listen

Applying for a job

- Writing a job application letter
- Asking and answering questions about the past

 **Grammar**

You use the **past simple** tense either to talk about actions and situations in the past or to express the completion of an action by now or to announce a recent happening.

Practice the following patterns:

Dün onu gör**dü**m.
I **saw** her yesterday.

Beni partisine davet et**ti**.
She invit**ed** me to her party.

Dün gece partidey**di**m.
I **was** at the party last night.

O kızın adını unut**tu**m.
I**'ve** forgotten that girl's name.

Anahtarımı kaybet**ti**m.
I**'ve** lost my key.

Kapıyı (henüz / şimdi) kapa**dı**m.
I**'ve** (just) closed the door.

O tatilde. Paris'e git**ti**.
He is on holiday. He**'s gone** to Paris.

(O) İngilteredey**di**. Şimdi burada.
She**'s been** to England. She's here now.

Daha önce (hiç) araba kullan**ma**dım.
I've (never) (I **haven't**) driven a car before.

...**went**.	...**didn't go**.
(Ben) git**ti**m.	git**me**dim.
(Sen) git**ti**n.	git**me**din.
(O) git**ti**.	git**me**di.
(Biz) git**ti**k.	git**me**dik.
(Siz) git**ti**niz.	git**me**diniz.
(Onlar) git**ti**(ler).	git**me**di(ler).

Sayın Betül Karlıoğlu,

8 Haziran tarihli *Hürriyet* gazetesinde yayımlanan tur rehberliği ile ilgili iş ilanınıza başvuruda bulunmayı arzu etmekteyim. CV'min bir kopyası ekte bulunmaktadır.

Halen fotoğrafçı olarak çalışıyorum ve bu nedenle oldukça çok seyahat ediyorum. Üç yıl önce, iki ay için Fas'a gittim ve orada bir fotoğrafçılık kursunda danışman olarak çalıştım. Geçen yıl, dört ayı Avrupa'da geçirdim. Bir moda dergisinde görsel tasarım görevindeydim ve yirmi kişilik bir grupla çalıştım. O iş ile ilgili olarak İtalya ve İspanya' ya seyahat ettim.

Daha önceleri Fransızca öğretirdim. 14-18 yaşındaki çocuklarla ilgilenirdim.

Fransızca'yı oldukça akıcı konuşurum. Aynı zamanda günlük konuların üstesinden gelebilecek kadar İspanyolca biliyorum.

Haziran'ın başından itibaren müsaitim. Bana seyahat etme ve yabancı dilimi kullanma olanağı sağlayacak bir iş arıyorum. CV'min ilginizi çekmesini ve sizden haber almayı umuyorum.

Saygılarımla,

Bora Kayalı
Bora Kayalı

 **Tip**

When you write a letter to a friend, you may start with:
Sevgili arkadaşım / **Sevgili** Bora
but in a more formal context
(like a job application letter), it's better to write:
Sayın Ahmet Çakır / **Sayın** Çakır

 **Now listen**

İş başvurusunu geçen hafta gönderdin mi?

Gönderdim. Süre sonu Cuma günüydü, onun için Perşembe akşamı bitirdim ve ertesi sabah e-mail ile gönderdim.

Mesajında ne dedin?

Seyahat etmeyi çok istediğimi ve gruplarla çalışma konusunda deneyimim olduğunu, yazdım. Bildiğim yabancı dilleri ekledim ve daha önce öğretmen olarak çalıştığımı da yazdım.

Özellikle İspanya'ya gitmek istediğini belirttin mi?

Hayır, belirtmedim.

Görüşmeye çağırıp çağırmayacaklarını ne zaman bildirecekler?

Gelecek Perşembe günü, sanırım.

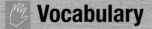 Vocabulary

... arzu etmek: would like to ...
halen: currently
danışman: consultant
(zaman) geçirmek: (to) spend/pass (time)
... görevinde (olmak): (to be) in charge of ...
üstesinden gelmek: (to) cope with
sağlamak: (to) allow, (to) let
kullanmak: (to) use, (to) exercise
süre sonu: deadline; due date
eklemek: (to) include; (to) attach; (to) add
özellikle: in particular, specially
belirtmek: (to) mention, (to) point out; (to) specify
görüşme: interview, meeting; conversation
yazmak: (to) write

Grammar

Past simple – question forms:

Mektubu gönder**din mi**?
Did you send the letter?

Evet, gönder**dim**.
Yes, **I did**./Yes, **I sent** (it).

Hayır, gönder**medim**.
No, **I didn't** (send it).

Ne de**din**?
What **did you** say?

"Mektubu gönderdim," **dedim**.
I said, "I sent the letter."

O partide **miydi**?
Was she at the party?

Sen orada **mıydın**?
Were you there?

The past simple tense is also used when you are reporting what someone has said/thought.

Mektubu **gönderdiğini** söyledi.
She said **that she sent** the letter.

"Yeni bir iş **arıyorum**," dedim.
I said, "**I am** looking for a new job."

Yeni bir iş **aradığımı** söyledim.
I said **that I was** looking for a new job.

"Ben turist**im**," dedi.
"**I'm** a tourist," she said.

Turist **olduğunu** söyledi.
She said **that she was** a tourist.

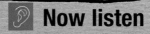 **Now listen**

At an interview

- Preparing for an interview
- Taking part in an interview

 Tip

When you're preparing for an interview in Turkish, make some notes using the headings here. The expressions listed will get you started – look up any other vocabulary you need.

You might also want to think about your hobbies and interests (see Unit 8) and your plans for the future (see Unit 12), in case you're asked about those. It's also a good idea to prepare a few questions about the job and/or the company, to show that you're really interested.

Nitelikler

…diplomam / sertifikam var.

 İngilizce
 Fransızca
 pazarlama
 mühendislik
 matematik
 hukuk
 tarih
 psikoloji
 sosyoloji

Bu işi isteme nedenleriniz

…ile çalışmaktan hoşlanırım.
 insanlar
 çocuklar
 hayvanlar

…olanağı / fırsatı hoşuma gider.
 yönetim becerilerimi geliştirme
 yurt dışında çalışma
 seyahat etme

İş Deneyimi

Çağrı merkezinde iki yıl çalıştım.
Bulgaristan'da 6 ay İngilizce öğrettim,
Patron tatildeyken, mağazayı yönettim.

Beceriler

Fransızcam akıcıdır.
İspanyolcam iyidir – günlük konuların üstesinden gelebilirim.

…uyumlu çalışırım.
 genç insanlarla
 bir takımın parçası olarak

…iyiyim.
 bütçe yönetiminde
 müşteri ilişkilerinde
 çözüm üretmede

Sürücü ehliyetim var.

Now listen

Seyahat etmeyi seviyorum. Fransızcamı ve İspanyolcamı kullanma olanağı hoşuma gidecek. Genç insanlarla çalışmayı severim ve bu konuda oldukça iyiyim.

Fransızcayı akıcı konuşurum. Üniversitede Fransızca eğitimi gördüm ve bir yıl Paris'te pratik kurslarına katıldım. İspanyolcam pek güçlü değil ancak geçen yıl dil kursuna gittim. Tatilde İspanya'ya gittiğimde hiçbir sorunum olmadı.

Evet, fotoğrafçı olmadan önce, iki yıl öğretmenlik yaptım. Öğretmeyi severim ama pek fazla seyahat fırsatım olmadı. İşimi değiştirdim ve sonra pek çok farklı yere seyahat edebildim.

Neden tur rehberi olarak çalışmak istiyorsunuz?

Yabancı diliniz ne kadar iyi?

Daha önce öğretmendiniz, değil mi?

Aradığımız özelliklerin çoğu sizde kesinlikle var. Geldiğiniz için teşekkür ederiz. Sizi kısa zamanda arayacağız.

Listening task

- What job is Selda applying for?
- Why does she want it?
- What experience does she have?
- What skills does she mention?

Grammar

The use of **önce**/**sonra** as a conjunction in adverb clauses:

…-madan/-meden önce = before…
…-ktan/-kten sonra = after…

Fotoğrafçı ol**dum**.
I became a photographer.

Fotoğrafçı oldu**ktan sonra**, çok seyahat ettim.
After I became a photographer, I travelled a lot.

Fotoğrafçı ol**madan önce**, iki yıl İspanyolca öğrettim.
I taught Spanish for two years **before** I became a photographer.

As adverbials:

Pazartesi**den önce**
Cumartesi**den sonra**
saat üç**'ten önce**
saat altı**'dan sonra**
Ocak**tan önce**
Şubat**tan sonra**

Vocabulary

genç: young
insan: people; human being
konu: matter, subject
akıcı: fluent(ly)
eğitim görmek: (to) study, (to) be educated
katılmak: (to) attend (course/lesson,etc.)
güçlü: strong
ancak: but, however

pek çok: lots of
kısa zamanda: soon, as soon as possible
patron: boss, owner
sürücü ehliyeti: driving license
takım: team
parça: part; section
yönetim: management
beceri: skill, ability
yurt dışında: abroad

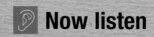 **Now listen**

Returning something

- Explaining a problem
- Asking for a refund / an exchange

Bununla/bunlarla ilgili bir sorun var.

Bir leke / delik var.
Bir düğme / parça eksik.

Ben bunu / bunları
iade etmek istiyorum.
Makbuz burada.

Bu hatalı. /
Bu çalışmıyor. /
Bu kırık.

Bunu buradan / Beyoğlu
mağazanızdan geçen hafta /
birkaç gün önce satın aldım.

Acaba bunu...
değiştirebilir miyim? /
iade edebilir miyim? /
Para iadesi alabilir miyim?

Bu çok **küçük / büyük.**

Hediye olarak almıştım.
Makbuz yok.
Makbuzu kaybettim.

Grammar

To say that we arrange for someone else to do something, we use the following structure:

Saatimi **tamir etti**m.
I **repaired** my watch.

Saatimi **tamir ettirdi**m.
I **had** my watch **repaired**.

Evi **boyayacak**.
He **is going to paint** the house.

Evi **boyatacak**.
He **is going to have** the house painted.

etmek	**ettir**mek
yapmak	**yaptır**mak
boyamak	**boyat**mak
temizlemek	**temizlet**mek
yıkamak	**yıkat**mak

 Now listen

Affedersiniz. bu kolye ile ilgili bir sorun var. Onu Ocak ayında buradan aldım ve klipsi kırıldı. Kolyeyi değiştirebilir miyim?

Bir bakayım… ah, evet. Korkarım değiştiremeyeceğiz – çok önce satın almışsınız. Ama onu sizin için tamir edebiliriz.

Ne kadar sürer?

Üç ya da dört hafta.

Daha çabuk olsa, gerçekten sevinirim.

İleride, köşede bir kuyumcu var. Oraya götürebilirsiniz. Belki, onlar daha çabuk tamir edebilirler.

Bedelsiz tamir ederler mi?

Biz bedelsiz tamir ederiz ama başka bir yerde tamir ettirirseniz, ödeme yapmanız gerekir, sanırım.

Vocabulary

sorun: problem
iade etmek: (to) return
eksik: missing
para iadesi almak: (to) have a refund
buradan: here, from here
klips: clip, catch
değiştirmek: (to) exchange
çok önce: too long ago
tamir etmek: (to) repair
kuyumcu: jeweller's

götürmek: (to) take something to somewhere
belki: maybe, perhaps
daha çabuk: more quickly
bedelsiz: free of charge
başka bir yer: somewhere else
ödeme: payment
ödeme yapmak/**öde**mek: (to) pay

Listening task

- What is the man returning?
- What's the problem with it?
- What does he want?

Grammar

The **passive voice** is used very frequently in Turkish:

Kitabımı **kaybettim**.
I've **lost** my book.

Kitabım **kayboldu**.
My book **has been lost**.

Birisi anahtarlarımı **çaldı**.
Someone **has stolen** my keys.

Anahtarlarım **çalındı**.
My keys **have been stolen**.

Odam **boyandı**.
My room **was painted**.

Valiziniz **aktarılmamış**. Sorun yarın sabah **çözülecek**.
Your luggage **wasn't transferred**.
The problem **is going to be solved** tomorrow morning.

kaybet(mek)	kaybol(mak)
çal(mak)	çalın(mak)
boya(mak)	boyan(mak)
aktar(mak)	aktarıl(mak)
çöz(mek)	çözül(mek)

Reporting a loss

- Explaining that something is missing
- Giving details

el çantası

sırt çantası

cüzdan

... kaybettim.

para çantası

valiz/bavul

 Tip

If you lose something in a station or airport, or on public transport, try asking for it at the **Kayıp Eşya Bürosu** (Lost Property Office) on site.

If you lose something in the street, or don't know where you lost it, you can report this to a **Polis Merkezi** (police station).

You'll need to be prepared to describe what you have lost, when you last had it and where you think you lost it.

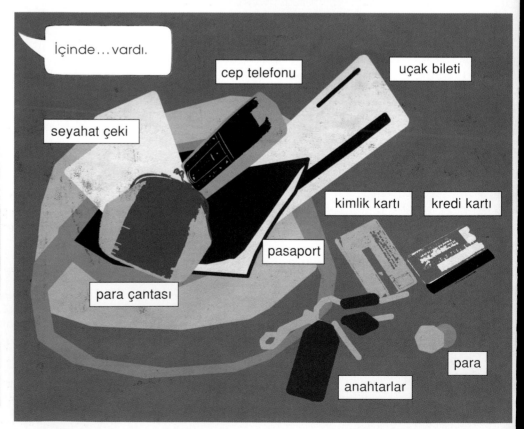

İçinde... vardı.

cep telefonu

uçak bileti

seyahat çeki

kimlik kartı

kredi kartı

pasaport

para çantası

para

anahtarlar

 **Now listen**

Çantayı tarif eder misiniz?

Kırmızı deri bir sırt çantası – oldukça küçük.

Üzgünüm ama bugün kimse böyle bir çanta getirmedi. Biraz daha detay alsam… En son ne zaman sizdeydi?

Trendeyken yanımdaydı – Sirkeci'den gelen 9.40 trenine binmiştim. Bir gazete aldım… Gazete bayisinde bırakmış olabilirim. Kafede ödeme yap-maya gittigimde, yanımda yoktu.

Çantanın içinde ne vardı?

İçinde para çantam ve anahtarlarım vardı… ah, bir de cep telefonum.

Adınızı ve telefon numaranızı alayım, lütfen. Eğer çantayı bulursak, sizi ararız.

Vocabulary

tarif etmek: (to) describe, (to) define
deri sırt çantası: leather rucksack
kimse: no one, nobody, anybody
getirmek: (to) bring
gazete: newspaper
gazete bayi: newsagent/newsstand
bırakmak: (to) leave
kesinlikle: definitely
bırakmak: (to) leave
bulmak: (to) find
danışma: information
danışma bürosu: information office

Grammar

Here are some phrases that you can use when something is missing:

Kayıp bürosu
Danışma bürosu   **… nerededir?**
Polis Merkezi   **Where is…?**

Trende**yken** (Trende **iken**), yanımdaydı.
I had it **when** I **was** on the train.

Taksideyken, yanımda **yoktu**.
I **didn't** have it when I was in the taxi.

Onu… **bırakmış olabilirim**.
I might have left it…

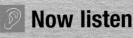 **Now listen**

Sorting out other problems

- Changing travel arrangements
- Finding out what has happened

Now listen

Bir saattir bekliyorum ama valizim henüz burada değil.

Hangi uçaktaydınız?

Roma'dan gelen 9.45.

Hemen kontrol ediyorum …o uçaktaki tüm valizler terminale getirildi.

Ah, hayır!

Doğrudan Roma' dan mı geldiniz?

Hayır Nepal'den geldim – Roma'da uçak değiştirdim.

Çok üzgünüm. Uçakları değiştirdiğiniz zaman valiziniz aktarılmamış görünüyor. Sanırım Roma'da kalmış. Burada kalacak mısınız?

Burada bir otelde iki hafta kalacağım.

Eğer sizinle ilgili bilgileri alırsak, valizinizi bu akşama kadar doğrudan otelinize göndereceğiz.

Vocabulary

gecikmek: (to) be late
kaçırmak: (to) miss
bilet: ticket
tamam: OK, fine
aktarılmak: (to) be transferred
henüz: yet, still
kalmak: (to) stay, (to) stay the night; (to) be left
göndermek: (to) deliver; (to) send
görünmek: (to) seem; (to) appear
bilgi almak: (to) get information

Grammar

bir saat**tir**	**for** an hour
üç gün**dür**	**for** three days
İki hafta**dır**	**for** two weeks
uzun süre**dir**	**for** a long time
saat 1'**den beri**	**since** 1 o'clock
geçen hafta**dan beri**	**since** last week
sen geldi**ğinden beri**	**since** you came

 **Now listen**

Sharing plans

- Talking about what I usually do
- Talking about future plans
- Asking people about their plans

En sevdiğim mevsim ilkbahar – kış mevsimi gerçekten çok sıkıcı.

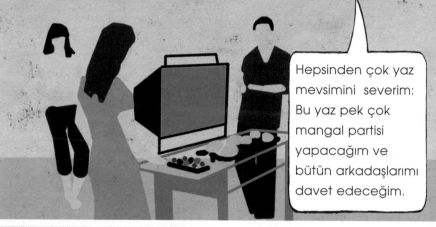

Hepsinden çok yaz mevsimini severim: Bu yaz pek çok mangal partisi yapacağım ve bütün arkadaşlarımı davet edeceğim.

Sonbaharı yaza tercih ederim – çok sıcağı sevmem.

Kış, açık hava etkinlikleri için, en iyi mevsim – kayak yapmak, kızak kaymak... Ve yılbaşını çok severim.

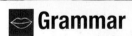 Grammar

... **geçen** ilkbahar	**last** spring...
... **bu** sonbahar	**this** autumn...
... **gelecek** yaz	**next** summer...
... kış **boyunca**	**during** the winter
ilkbahar**da**	**in** (the) spring
sonbahar**da**	autumn
yaz**ın**	summer
kış**ın**	winter

 **Now listen**

Bu yaz bir yere gidiyor musun, Patty?

İki hafta kadar Antalya'da çalışacağım – ondan sonra tatile çıkmayı umuyorum.

Nereye gidiyorsun?

İtalya'ya gitmeyi düşünüyorum – belki Sicilya'ya. Ya sen?

Ben belki Macaristan'a gideceğim.

Kiminle?

Berk'le. Eğer izin alabilirse, Efe de gelebileceğini söylüyor.

Ne zaman gidebilirsiniz?

Eylül'de, sanırım.

Nerede kalmayı düşünüyorsun?

Çok pahalı bir yerde kalmak istemiyorum. Sen ucuz ve iyi bir otel biliyor musun?

Evet – Geçen yıl Budapeşte'de çok güzel bir otelde kaldım. Onun adı bilgisayarımda var... Orada kalabilirsin.

Çok iyi olur, Teşekkür ederim.

Grammar

Phrases to use when you're not completely sure about what you're going to do:

... gid**ebilirim**.
... gel**ebilirim**.   I might...
... kal**abilirim**.   I may...
... al**abilirim**.

gitmeyi	... **umuyorum**.
gelmeyi	I'm hoping to...
kalmayı	... **düşünüyorum**.
almayı	I'm thinking of...

And the questions:
Ne zaman gidersin/gidebilirsin?
Nerede kalırsın/kalabilirsin?

But if the plan is more definite:
Ne zaman gideceksin?
Nerede kalacaksın?

Vocabulary

en sevilen: favourite
hepsinden çok: most of all
mangal yapmak: (to) have barbecue
davet etmek: (to) invite
açık hava etkinliği: outdoor activity
kayak yapmak: (to) ski
kızak kaymak: (to) slide

yılbaşı: New Year's Eve/Day
ondan sonra: after that
tatile çıkmak: (to) go on holiday
izin almak: (to) take a holiday;
(to) get permission
bilgisayar: computer, PC

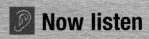 **Now listen**

Future intentions

- Thinking further ahead
- Talking about my plans in more detail

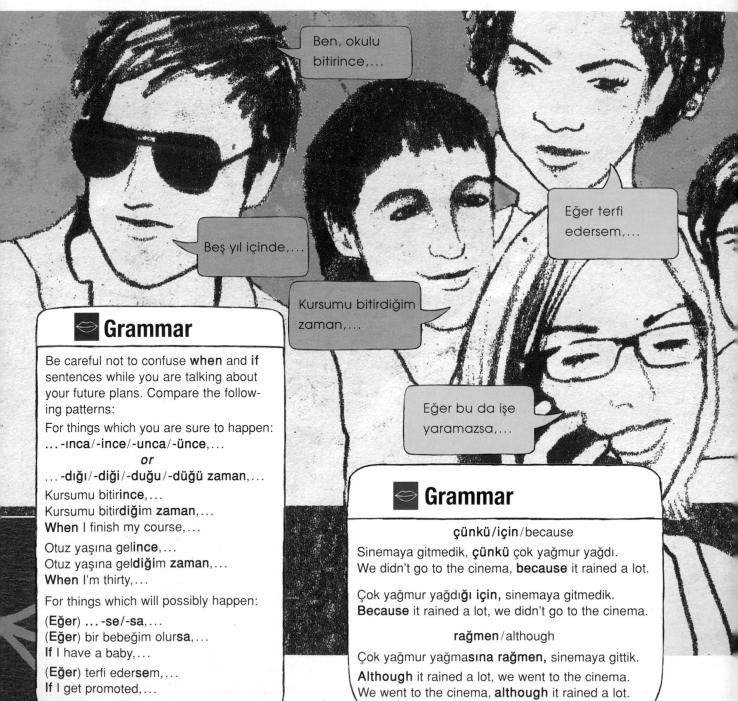

Ben, okulu bitirince,...

Beş yıl içinde,...

Eğer terfi edersem,...

Kursumu bitirdiğim zaman,...

Eğer bu da işe yaramazsa,...

Grammar

Be careful not to confuse **when** and **if** sentences while you are talking about your future plans. Compare the following patterns:

For things which you are sure to happen:

... -**inca**/-**ince**/-**unca**/-**ünce**,...

or

... -**dığı**/-**diği**/-**duğu**/-**düğü zaman**,...

Kursumu bitir**ince**,...
Kursumu bitir**diğ**im **zaman**,...
When I finish my course,...

Otuz yaşına gel**ince**,...
Otuz yaşına gel**diğ**im **zaman**,...
When I'm thirty,...

For things which will possibly happen:

(**Eğer**) ... -**se**/-**sa**,...
(**Eğer**) bir bebeğim olur**sa**,...
If I have a baby,...

(**Eğer**) terfi eder**sem**,...
If I get promoted,...

Grammar

çünkü/için/because

Sinemaya gitmedik, **çünkü** çok yağmur yağdı.
We didn't go to the cinema, **because** it rained a lot.

Çok yağmur yağdığı **için,** sinemaya gitmedik.
Because it rained a lot, we didn't go to the cinema.

rağmen/although

Çok yağmur yağma**sına rağmen,** sinemaya gittik.
Although it rained a lot, we went to the cinema.
We went to the cinema, **although** it rained a lot.

Vocabulary

bitirmek: (to) finish, (to) complete
terfi etmek: (to) get promoted
işe yaramak: (to) work out
geri dönmek: (to) go back
yeni bir işi olmak: (to) get a new job
bebeği olmak: (to) have a baby
işadamı: businessman
işkadını: businesswoman
zengin olmak: (to) be rich

Listening task

Listen to the five people.
• What do they want to do and when?

Tip

Now you know quite a lot of Turkish, you can start to think more about how you say things. Using longer sentences can make what you say more interesting – and also help structure your thoughts.

Join simple statements using words like **ve, ama, çünkü, için, rağmen**, etc. Think about the order things happen and use words like **önce, sonra, eğer,… zaman**, etc.

Now listen

Reading for detail

- Understanding a more difficult text
- Using what I know

Bodrum'da bir tatil kazanın!

Bodrum'da hem tarihi zenginlikleri görmek, hem de deniz ve güneşin keyfini sürmek istemez misiniz? Hem de hiç bir ödeme yapmadan…

Bodrum, Türkiye'de Muğla iline bağlıdır ve Ege ile Akdeniz kıyılarında oluşmuş köklü kültürlerin birleştiği bir noktada yer alır. Miken, Yunan, Roma, Bizans ve Türk kültürlerinin kaynaştığı bir bölgedir. Tarihteki adı 'Halicarnassos' olarak bilinir. Bodrum'un sembolü sayılan 'Bodrum Kalesi', 'Saint Jean' Şovalyeleri tarafından yapılmıştır ve günümüzde müze olarak kullanılmaktadır.

Bodrum, Tepecik'te dünyaca ünlü Halikarnas Mozolesi' nin kalıntıları bulunmaktadır. 114 km boyunca uzanan Muğla kıyı şeridinde, alabildiğine zengin bir bitki örtüsü vardır. Geçmişle geleceğin, denizle güneşin buluştuğu bu tatil cennetini görmeniz için, size bir fırsat sunuyoruz. Yarışmamıza katılın ve iki kişilik bedava bir tatil kazanın.

👄 Grammar

As you saw in Unit 4 (p.28), the comparative is used to compare two things and it is formed by placing **daha** (more) in front of an adjective or an adverb.

daha pahalı	**more** expensive
daha ucuz	cheap**er**
daha iyi	better
daha kötü	worse

When you want to compare more than two things, you use the superlative. The superlative is formed by placing **en** (the most) in front of an adjective or an adverb.

en güzel	the **most** beautiful
en şirin	the prett**est**
en iyi	the best
en kötü	the worst

Aşağıdaki soruyu doğru yanıtlayan beş şanslı çift, önce İzmir'de, lüks bir otelde bir gece kalacak, ertesi gün lüks otobüsler ile, beş harika gün geçirecekleri Bodrum'a ulaşacaklardır. Beş gün boyunca Bodrum ve çevresinde, tur rehberleri eşliğinde tüm tarihi güzellikleri gezecekler, Türk yemeklerini deneme fırsatı bulacaklar, Bodrum'un turkuaz renkli denizinden, altın renkli güneşinden yararlanacaklardır. Bodrum'un ünlü koylarını da görebilecekleri ve bir gün bir gece sürecek olan yat gezisine de çıkacaklardır.

Beş günün sonunda, şanslı çiftler için İzmir yakınlarındaki Selçuk'ta, Meryem Ana Kilisesi'ne bir günlük ziyaret düzenlenecektir. Meryem Ana ziyaretinden

sonra uçakla İstanbul'a dönülecek ve İstanbul Boğazı'nın harika manzarası eşliğinde, müzikli bir restoranda akşam yemeği yenecektir.

Bu tatili kazanmaya ne dersiniz?

Kazanmak için aşağıdaki soruyu yanıtlamanız yeterli :

Hangisi, eski dünyanın **'yedi harikası'**ndan biridir?

Bodrum Kalesi mi?
Halikarnas Mozolesi mi?

Yarışmamıza siz de katılın! Kim bilir! – belki de siz kazanırsınız.

 Grammar

Some units in this book involve another verb tense, the **past indefinite** form, when talking about the past/the near past. It will not be covered in detail in the course: at this stage, it's best just to learn the definition.

We use the **past indefinite** form to say that something reportedly or apparently or presumably (has) happened.

We use the **past definite** form (the past simple tense) to say that something definitely (has) happened.

Paris'e git**ti**.
This means he/she **definitely** went (has gone) to Paris and the speaker is sure about what (has) happened.

Paris'e git**miş**.
This means he/she **reportedly/apparently** went (has gone) to Paris but the speaker is not sure enough of this action to be able to honestly say gitti.

Yağmur yağ**dı**.
That's why I didn't go.

Yağmur yağ**mış**.
Because the ground is wet.

Vocabulary

yarışma: competition, contest
katılmak: (to) take part in
kim bilir: who knows
kazanmak: (to) win
kıyı/deniz kıyısı: sea side
yer almak: (to) be located
bölge: region, place
kale: castle
ünlü: famous

cennet: paradise
yanıtlamak: (to) answer, (to) reply
yararlanmak: (to) benefit from
şanslı çift(ler): lucky couple(s)
koy: small bay
yat: yacht
düzenlenmek: (to) be arranged
İstanbul Boğazı: the Bosphorus
manzara: view

Review 3

1 Complete the questions

with *neden, kaça, nerede, kimle, ne zaman, ne.*

1 Okulu bitirince _____ yapmak istiyorsun?

2 Tatile _____ gidiyorsun?

3 Yeni bir iş aramaya _____ karar verdin?

4 _____ kalacaksın?

5 Onun fiyatı _____?

6 Bu kurs _____ başlayacak?

2 Put the words in the right order

1 ağrıyor boğazım ve yorgunum çok _____

2 söyledim çok etmeyi seyahat sevdiğimi _____

3 almak istiyorum bir kocam randevu için _____

4 öneririm gitmenizi yatmanızı eve ve _____

5 öğretmendim önce olmadan fotoğrafçı _____

6 var böcek bir şey için ısırığı mı? _____

7 istiyoruz lütfen sipariş vermek? _____

3 Complete the sentences

with the correct form of the verb in the past simple tense.

1 Dün ben hiç ayakkabı (satın almamak).

 ___Dün ben hiç ayakkabı satın almadım.___

2 İki yıl İstanbul'da (çalışmak).

 _____

3 O Cumartesi gecesi arkadaşlarıyla dışarıya (çıkmak).

 _____

4 (ben) Geçen yıl on kişi ile birlikte (çalışmak).

 _____

5 Kafenin nerede olduğunu bilmediğimi (söylemek).

 _____

6 Onlar sinemaya gitmeye karar (vermek).

 _____

7 Onu bana (vermek), lütfen!

 _____

8 Dün Aslı'yı (görmek).

 _____

9 Onlar geçen hafta benim evime (gelmek).

 _____

10 Sen bu kitabı (okumak)?

 _____

4 Take part in an interview

Answer the interviewer using the words given. Prepare your answers,
then listen to the recording and join in. Look back at Unit 10 if you need help.

• Neden bir spor merkezinde çalışmak istiyorsunuz?
–sporu sevmek–insanlarla–kolayca iletişim kurmak–diğer sporları
  öğrenme fırsatı

• Deneyiminiz var mı?
–bir yıl–İspanya'da spor merkezi–çalıştım–çocuklara yüzme

 ## 5 Report a loss

Reply using the words given. Prepare your answers, then listen to
the recording and join in. Look back at Unit 11 if you need help.

• Size nasıl yardım odebilirim?
–Kayboldu–çanta–kırmızı, küçük

• En son ne zaman yanınızdaydı??
–bu sabah–gazete bayi

• Çantanın içinde ne vardı?
–cep telefonu, kredi kartı, anahtarlar

 ## 6 Ask Patty about her plans

Ask Patty what she's going to do this summer, using the words given. Prepare your
answers, then listen to the recording and join in. Look back at Unit 12 if you need help.

–nereye–sonbahar?
• Paris'e gidiyorum.

–kiminle?
• Aslı'yla.

–ne zaman?
• Ekim sonunda gidiyoruz.

–nerede–kalmak?
• Tam şehir merkezinde, çok güzel bir otelde kalıyoruz…

Grammar

Vowel Harmony

One of the characteristic features of Turkish is vowel harmony. There are two groups of vowels in the Turkish alphabet:

A) Back vowels: **a, ı, o, u**
B) Front vowels: **e, i, ö, ü**

All the vowels in original Turkish words tend to be in the same group. The final vowel of the word is called a **dominant vowel**, and the group of the final vowel in the word determines the group of the vowel in the suffix. If another suffix is to be added to the first suffix, the vowel in the first suffix becomes the dominant vowel.

Changes in Consonants

There are two groups of consonants in the Turkish alphabet:

A) Voiceless consonants: **ç, f, h, k, p, s, ş, t**
B) Voiced consonants: All other consonants

The voiceless consonants **ç, k, p, t** may be replaced by their voiced counterparts **c, ğ, b, d**.

Two sorts of consonant change may occur:

1) The initial consonant of the suffix may be changed. Compare:
O bir öğretmen**dir**.   He's a teacher.
O bir saat**tir**. (-dir suffix becomes -tir.)   It's a watch.

2) The final consonant of the preceding word may be changed. Compare:
gel/**gel**iyor (come/he's coming)
git/**gid**iyor (go/he's going)
The final consonant of the verb stem **git** becomes **d**.

Nouns

Turkish nouns do not have any equivalent to the English definite article **the**. Therefore, any Turkish singular or plural noun without suffixes may be understood with or without **the** as the sense requires. However, Turkish has the word **bir**, which serves as the English indefinite article **a/an** or as the number **one**.

ev   (the) house
bir ev   **a** house *or* **one** house

Plurals

To make nouns plural, add **-ler** or **-lar** determined by the rules of vocal harmony.

kız   kız**lar**
kuzen   kuzen**ler**

When a noun is preceded by a number, the plural suffix is not used.
bir kız   **üç** kız

Possession

Bora'**nın** tatili   Bora'**s** holiday
kızlar**ın** arkadaşları   the girls' friends

Countable/Uncountable nouns

Nouns are either countable (e.g. elma, çocuk) or uncountable (e.g. su, peynir). Although uncountable nouns are not used with numbers or as plurals, in speech (and to a lesser degree in formal written language), Turkish sometimes uses numbers with countable nouns.

bir bardak çay   **a/one** glass of tea
iki çay   to be understood as **two** (cups of)...
üç su   to be understood as **three** (bottles of)...

az, çok, biraz, hiç can be used for countable and uncountable nouns:

Hiç peynir/elma var mı?

Pronouns

You use a pronoun instead of a noun when it is clear what you mean.

Subject pronouns (nominative case)

ben, sen (familiar singular), o
biz, siz (plural, polite singular), onlar
Note that subject pronouns may be omitted in sentences.
Ben iyiyim.   I am fine.
O nerede?   Where is **she**/**he**/**it**?

Direct object pronouns (accusative case)

beni, seni, onu; bizi, sizi, onları

Dün, Özge **onu** gördü.	Özge saw **him** yesterday.
Yarın **seni** arayacağım.	I will call **you** tomorrow.

Indirect object pronouns (dative case)

bana, sana, ona; bize, size, onlara

Sana hediye satın aldım.	I bought **you** a present.
Kitabı **bana** verdi.	She gave the book **to me**.

Possessive pronouns (possessive case)

benimki, seninki, onunki; bizimki, sizinki, onlarınki

Bu benim çantam. Bu **benimki**. **Seninki** nerede?
This is my bag. This is **mine**. Where is **yours**?

Bizim telefon numaramız…, **onlarınki** kaç?
My phone number is…. What's **theirs**?

Locative pronouns (where something is)

bende, sende, onda; bizde, sizde, onlarda

Benim kitabım **sende** mi?
Do **you have** my book?

Ablative pronouns (from where…)

Benden, senden, ondan; bizden, sizden, onlardan

Bunu babam**dan** aldım. Bunu **ondan** aldım.
I took this **from** my father. I took this **from him**.

Demonstrative pronouns

bu, şu, o, bunlar, şunlar, onlar

Bu iyi ama **şunlar** daha iyi.
This is good but **those** are better.

Adjectives

Adjectives tell you more about a noun. They are the same for singular items and plural items. They come before the noun or after the pronoun. When the word bir is used as an indefinite article a/an, the adjective comes first and the indefinite article immediately precedes the noun. When the word bir means one, it precedes the adjective, as numbers come before adjectives.

mavi ceket	(the) blue coat
kırmızı elmalar	(the) red apples

mavi **bir** ceket	**a** blue coat
bir mavi ceket	**one** blue coat
üç kırmızı elma	**three** red apples
–o mavidir.	
–onlar kırmızıdır.	

When you are comparing two things, you use the adverb **daha** (more) and the suffix **-den**/**dan** (than).

ucuz/**daha** ucuz	cheap/cheaper
pahalı/**daha** pahalı	expensive/more expensive
iyi/**daha** iyi	good/better

Bir saat, bir bilezik**ten daha** kullanışlıdır.
A watch is **more** useful **than** a necklace.

When you are comparing more than two things, you use the adverb **en** (the most):

Bu, gördüğüm **en** ilginç film.
This is **the most** interesting film I've ever seen.

Possessive adjectives

benim, senin, onun; bizim, sizin, onların

Bu **benim** kardeşim	This is **my** brother.
Kardeş**im**i aradım	I phoned **my** brother.

Demonstrative adjectives

bu, şu, o (same for singular and plural items)

Bu bilezik iyi.	**This** necklace is good.
Şu elmalar çok lezzetli.	**Those** apples are tasty.

Verbs

Present

In Turkish, there are two forms of the present tense: present simple and present continuous.

Present simple

The present simple is used for things that happen regularly or for facts.

Pazartesi günleri sinemaya giderim.
On Mondays I go to the cinema.

I like swimming.
Yüzmeyi severim.

The present simple verb forms:

	positive	question	negative
(ben)	giderim	gider miyim?	gitmem
(sen)	gidersin	gider misin?	gitmezsin
(o)	gider	gider mi?	gitmez
(biz)	gideriz	gider miyiz?	gitmeyiz
(siz)	gidersiniz	gider misiniz?	gitmezsiniz
(onlar)	gider(ler)	gider(ler) mi?	gitmez(ler)

The present simple verb 'to be' forms:

	positive	question	negative
(ben)	iyiyim	iyi miyim?	iyi değilim
(sen)	iyisin	iyi misin?	iyi değilsin
(o)	iyi	iyi mi?	iyi değil
(biz)	iyiyiz	iyi miyiz?	iyi değiliz
(siz)	iyisiniz	iyi misiniz?	iyi değilsiniz
(onlar)	iyi(ler)	iyi(ler) mi?	iyi değil(ler)

Present continuous

The present continuous is used for things that are happening right now and not yet completed.

Yabancı dil sınıfları için arıyorum.
I'm calling about the language classes.

It is also used to talk about the future.

Yarın geliyorum.
I am coming tomorrow.

The present continuous verb forms:

	positive	question	negative
(ben)	gidiyorum	gidiyor muyum?	gitmiyorum
(sen)	gidiyorsun	gidiyor musun?	gitmiyorsun
(o)	gidiyor	gidiyor mu?	gitmiyor
(biz)	gidiyoruz	gidiyor muyuz?	gitmiyoruz
(siz)	gidiyorsunuz	gidiyor musunuz?	gitmiyosunuz
(onlar)	gidiyor(lar)	gidiyor(lar) mı?	gitmiyor(lar)

Past

Turkish uses a number of tenses to talk about the past. This course focuses on the past simple.

Past simple

You use the past simple to express action which **was** or **has been** completed in the past.

Geçen yıl İspanya'ya **gittim**.
I **went** to Spain last year.

Anahtarımı **kaybettim** ve hala **bulmadım**.
I **have lost** my key and I **have not found** it, yet.

The past simple verb forms:

	positive	question	negative
(ben)	gittim	gittim mi?	gitmedim
(sen)	gittin	gittin mi?	gitmedin
(o)	gitti	gitti mi?	gitmedi
(biz)	gittik	gittik mi?	gitmedik
(siz)	gittiniz	gittiniz mi?	gitmediniz
(onlar)	gitti(ler)	gitti(ler) mi?	gitmedi(ler)

Future

The present continuous is used to talk about the future (p.78). You can also talk about the future using the suffix -ecek/-acak. This is used when:

You are talking about something that you think will definitely happen.

Telaşlanma! – oraya yarın gid**ece**ğim.
Don't worry! I'm going to go there tomorrow.

You are talking about something you intend to do in the near future.

Eğer yarın zamanım olursa, oraya gid**ece**ğim.
If I have time tomorrow, I'll go there.

The future verb forms:

	positive	question	negative
(ben)	gideceğim	gidecek miyim?	gitmeyeceğim
(sen)	gideceksin	gidecek misin?	gitmeyeceksin
(o)	gidecek	gidecek mi?	gitmeyecek
(biz)	gideceğiz	gidecek miyiz?	gitmeyeceğiz
(siz)	gideceksiniz	gidecek misiniz?	gitmeyeceksiniz
(onlar)	gidecek(ler)	gidecek(ler) mi?	gitmeyecek(ler)

Tag Questions

Değil mi is used for all tenses as a tag question:

Sinemaya gittiniz, **değil mi?**
Yarın beni arayacaksınız, **değil mi?**
Paris'e gitmiyorsunuz, **değil mi?**
Siz öğretmensiniz, **değil mi?**

Answers/Transcript

Answers to Review sections

Review 1, pp. 30–31

1
1 Benim iki kardeşim var.
2 Benim adım Bora.
3 Onu çok severim.
4 Biz Bora'nın ailesiyiz.
5 Ben Türk'üm.
6 O İngiliz(dir).
7 Bu benim arkadaşım Patty.
8 O hastanede çalışıyor.
9 Ben (bir) fotoğrafçıyım.
10 Yakınlarda bir süpermarket var mı?

2
1 tavuk
2 bisküvi
3 balık
4 çilek
5 portakal suyu
6 bir paket şeker
7 bir kutu çikolata
8 bir şişe şarap
9 iki kilo üzüm
10 iki kutu süt

3
1 Ben İtalyan'ım. İtalyanca konuşurum.
2 Ben Türk'üm. Türkçe konuşurum.
3 Ben Rus'um. Rusça konuşurum.
4 Ben İngiliz'im. İngilizce konuşurum.
5 Ben Mısırlı'yım. Arapça konuşurum.

4
1 Benim adım...
2 Ben...
3 (Benim) telefon numaram...
4 (Benim) adresim...
5 Evet,.../Hayır,...
6 Evet, ben.../Hayır, ben... değilim.
7 Evet, ben.../Hayır, ben evli...
8 Evet,.../Hayır, ben...
9 ...çalışıyorum.
10 ..., seviyorum/..., sevmiyorum.

5
1 Buralarda bir eczane var mı?
2 Tren istasyonuna nasıl gidilir?
3 Trafik ışıklarına kadar düz gidin.
4 Sağdan ikinci yola dönün.
5 Bu otobüs Taksim'e gider mi?
6 Biraz üzüm alayım, lütfen.
7 Onu çok beğendim.

8 Bunların 39 numarası var mı?
9 Şunun mavisini deneyebilir miyim?
10 Bu CD ondan daha ilginç.

6
• Yardım edebilir miyim?
–Kız kardeşim için bir hediye
  arıyorum.
• Neleri sever?
–CD'leri ve DVD'leri sever.
• Bu DVD nasıl? Bu çok eğlencelidir.
–Hayır, kardeşim onu sevmez.
  Bu nasıl?/Bu iyi mi?
• Bu daha iyi. Bu daha eğlenceli.
–Kaç lira?
• Bu 19 lira, 50 kuruş.
–Oldukça pahalı. Daha ucuz
  bir şey var mı?
• Bu DVD, ilk DVD'den daha ucuz
  ve daha ilginç.
–Onu alacağım. Çok teşekkür ederim.

Review 2, pp. 56–57

1
1 Buradan Ankara'ya bir sonraki tren
  ne zaman kalkıyor?
2 Ne zaman varıyor?
3 Yol ne kadar sürer?
4 Aktarma yapmalı mıyım?
5 Gidiş-dönüş bileti, lütfen?
6 Bu Ankara treni mi(dir)?
7 Hangi perondan kalkar?
8 Bu bilet bu trende geçerli mi(dir)?

2
1 Gelecek Salı Bora uçakla Paris'e
  gidecek.
2 Gelecek Cuma Berna jimnastiğe
  gidecek.
3 Gelecek Pazartesi Aslı İngilizce
  çalışacak.
4 Ben gelecek Pazar hiçbir şey
  yapmayacağım.
5 Sen gelecek Cumartesi yemeğe
  gideceksin.

3
1 İçecek bir şey ister misin(iz)?
2 Bisküvileri kendiniz alın, lütfen.
3 Ben kahve ve bir sandviç alacağım.
4 Bir dilim çikolatalı kek ister misin?
5 İki porsiyon kızarmış patates, lütfen.

6 Her Cuma günü sinemaya giderim.
7 Haftada üç kere piyano çalarım.
8 Hafta sonları arkadaşlarımla dışarıya
  çıkarım.
9 Bu akşam televizyonda ne izlemek
  istersin?
10 Eğer yarın sıcak olursa, futbol
  oynayacağız.

4
• Sipariş vermeye hazır mısınız?
–Evet, sanırım. Başlangıç için balık
  çorbası alacağım.
• Ana yemek olarak ne alırsınız?
–Tartın içinde ne var?
• Tartın içinde elma, peynir ve krema var.
–Çok iyi. Ben ondan alacağım.
• Yanında sebze veya salata alır mısınız?
–Sebze ve biraz havuç, lütfen.
• İçmek için ne alırsınız?
–Bira ve bir fincan sade kahve alacağım.

5
• Hafta sonları ne yapmayı seversin(iz)?
–Cuma akşamları arkadaşlarla sinemaya
  gitmeyi severim.
–Cumartesi günleri tenis oynamayı
  severim.
–Pazar günleri evde oturmayı ve
  televizyon izlemeyi severim.
• Bu hafta sonu ne yapıyorsun?
–Milano'ya gidiyorum.

Review 3, pp. 82–83

1
1 Okulu bitirince ne yapmak istiyorsun?
2 Tatile kimle/kiminle gidiyorsun?
3 Yeni bir iş aramaya ne zaman/neden
  karar verdin?
4 Nerede kalacaksın?
5 Fiyatı ne kadar?
6 Bu kurs ne zaman başlayacak?

2
1 Boğazım ağrıyor ve çok yorgunum.
2 Seyahat etmeyi çok sevdiğimi söyledim.
3 Kocam için bir randevu almak istiyorum.
4 Eve gitmenizi ve dinlenmenizi öneririm.
5 Fotoğrafçı olmadan önce öğretmendim.
6 Böcek ısırığı için bir şey var mı?
7 Sipariş vermek istiyoruz, lütfen.

3

1 Dün ben hiç ayakkabı satın almadım.
2 İki yıl İstanbul'da çalıştım.
3 O Cumartesi akşamı arkadaşlarıyla dışarı çıktı.
4 (Ben) geçen yıl on kişi ile birlikte çalıştım.
5 Kafenin nerede olduğunu bilmediğimi söyledim.
6 Onlar sinemaya gitmeye karar verdiler.
7 Onu bana ver(in), lütfen!
8 Dün Aslı'yı gördüm.
9 Onlar geçen hafta benim evime geldiler.
10 Sen bu kitabı okudun mu?

4

• Neden bir spor merkezinde calışmak istiyorsunuz?
–Sporu severim. İnsanlarla kolay(ca) iletişim kurarım. Diğer sporları öğrenme fırsatını sevdim.
• Deneyiminiz var mı?
–İspanya'da bir spor merkezinde bir yıl çalıştım. Çocuklara yüzme öğrettim.

5

• Size nasıl yardım edebilirim?
–Çantamı kaybettim. Kırmızı bir çanta– oldukça küçük.
• En son ne zaman yanınızdaydı?
–Bu sabah yanımdaydı. Gazete bayiinde bırakmış olmalıyım.
• Çantanın içinde ne vardı?
–(Çantanın) (Onun) İçinde cep telefonu, kredi kartı, anahtarlar vardı.

6

–Bu sonbahar nereye gidiyorsun?
• Paris'e gidiyorum.
–Kimle/Kiminle (gidiyorsun)?
• Aslı ile (Aslı'yla).
–Ne zaman gidiyorsunuz?
• Ekim sonunda gidiyoruz.
–Nerede kalıyorsunuz/kalacaksınız?
• Şehir merkezinde, çok güzel bir otelde kalıyoruz/kalacağız.

Listening tasks

Unit 1 (Track 4)

829 47 35
265 11 47
383 56 99

Unit 2 (Track 8)

Evet, seviyor.
Evet, çok seviyor.
Hayır, sevmiyor..
Hayır, hiç sevmiyor.

Unit 3 (Track 11)

Soldan ilk yola dönün, sonra süpermarkete kadar düz gidin. Trafik ışıklarından sonra sağdan üçüncü yola sapın. Solda bir eczane var.

Unit 4 (Track 14)

250 gr. üzüm, 6 tane portakal, bir kilo havuç, bir kutu meyve suyu, 1 paket pirinç
7,75

Unit 5 (Track 21)

Japonca kursu (başlangıç)
Pazartesi 6.30–8.15
5 Eylül
Bir devre 95 lira

Unit 6 (Track 25)

tek kişilik, süit oda
4 Haziran Perşembeden 9 Haziran Salıya kadar
Bir gece 32 lira

Unit 7 (Track 27)

Erkek: bir bardak beyaz şarap; hiçbir şey
Kadın: bir bardak kırmızı şarap;
pizza

Unit 8 (Track 32)

8'de Mozart ile ilgili bir program
6.30'da bir yarışma programı Hız Tutkunları/9.15'te Latin Amerika ile ilgili bir film
Kadın yarışma programlarını ve filmleri seviyor.
Erkek filmleri seviyor.

Unit 9 (Track 37)

başı ağrıyor, boğazı acıyor, kendini yorgun hissediyor aspirin veya parasetamol.
yatarak dinlenmesini ve bol su içmesini (öneriyor).

Unit 9 (Track 39)

Hapları, günde iki kez, sabah ve akşam alın. Merhemi günde dört kez kullanın.
Oğlunuza günde üç kez, yemeklerden önce, öksürük şurubu verin.
İşe gitmeyin – yataktan çıkmayın. Kendinizi sıcak tutun ve bol su için. Parasetamol kendinizi daha iyi hissetmenizi sağlayacaktır.

Unit 10 (Track 43)

garsonluk
İstanbul'da (bir kaç ay) kalmak ve Türkçesini geliştirmek istiyor.
Üniversitedeyken, bir kafede çalışırdı (çalışmış).
İnsanlarla iyi iletişim kurar, çalışkandır ve siparişleri kolay-ca anımsayabilir.

Unit 11 (Track 45)

bir saat
alarmı hatalı
geri ödeme

Unit 12 (Track 50)

okulu bitirdiği zaman, üniversi-teye gitmek.
iki yılda, pazarlama bölümünün başına geçmek.
otuz yaşıma gelince, yurtdışında gönüllü olarak çalışmak.
kursunu bitirince, kendi işini kurmak.
çocukları olmadan önce, ikinci bir dükkan açmak.

Transcript

Unit 1

(Track 1)
Meeting people, pp. 0–7
Merhaba! Ben Patty.
Sizin adınız nedir?
Adım Bora.
Ben Bora'yım.
O Bora'dır.
O Patty'dir.

Selam Bora, nasılsın?
İyiyim, teşekkür ederim.
Ya sen?
Çok iyiyim.
Nasılsınız?
İyiyim, teşekkür ederim. Ya siz?
Ben de iyiyim, teşekkür ederim.

Merhaba!
Selam!
Günaydın
İyi günler
İyi akşamlar
İyi geceler
Hoşça kalın
Allahaısmarladık
Güle güle
Görüşürüz

(Track 2)
My family, pp. 8–9
Benim bir erkek, bir kız kardeşim var.
Onun iki kız kardeşi var.
Benim üç çocuğum var.
Benim bir oğlum, bir kızım var.
Onun bir oğlu iki kızı var.
Benim oğlum ve kızım.
Onun oğlu ve kızı.
Benim kız kardeşim ve erkek kardeşim.
Onun kız kardeşi ve erkek kardeşi.
Benim annem ve babam.
Metin'in çocukları
Metin'in oğlu
Berna'nın kızları
Özge'nin erkek kardeşi
Bora'nın kız kardeşi
1, 2, 3, 4, 5, 6, 7, 8, 9, 10

(Track 3)
More about my family, pp. 10–11
Biz Bora'nın büyükannesi ve büyükbabasıyız.

Biz emekliyiz.
Ben, Bora'nın kuzeni Kaan'ım.
Ben yalnız yaşıyorum.
Ben Bora'nın kuzeni Merve'yim.
Ben öğrenciyim.
Teyzem bir hastanede çalışıyor.
O bir doktor.
Amcam bir mağazada çalışıyor.
O bilgisayar satıyor.

Telefon numaran kaç?
212 37 94. Seninki kaç?
Benimki 212 56 33.
212 56 33 mü?
Evet, doğru.
Seni sonra arayacağım.
11, 12, 13, 14, 15, 16, 17, 18, 19, 20

Unit 2

(Track 5)
Where I'm from, pp. 12–13
Ben Türk'üm.
Türkiye'de yaşıyorum.
Ben İngiliz'im.
Türkiye'de yaşıyorum.
Ben İspanyol'um.
İspanya'da yaşıyorum.

Ben Amerikalı'yım.
Ben Mısırlı'yım.
Ben Çinli'yim.
Ben Fransız'ım.
Ben Alman'ım.
Ben Japon'um.
Ben Rus'um.

Ben Türkçe konuşuyorum.
Ben İngilizce konuşuyorum.
Ben Arapça konuşuyorum.
Ben İspanyolca konuşuyorum.

Bu benim arkadaşım Cristina.
Selam Cristina. Tanıştığımıza memnun oldum.
Ben de memnun oldum.

Siz Amerikalı'sınız , değil mi?
Hayır, ben Türk'üm.
Siz İspanyol'sunuz, değil mi?
Evet, doğru. İspanyol'um.
Güzel bir parti, değil mi?
Evet, öyle.

(Track 6)
More about me, pp. 14–1
Şehirde mi yaşıyorsun?
Evet, şehirde yaşıyorum.
Hayır, şehirde yaşamıyorum.
Kasabada yaşıyorum.
Köyde yaşıyorum.

Evli misiniz?
Evet, öyleyim.
Evet, evliyim.
Doktor musunuz?
Hayır, değilim.
Hayır, doktor değilim.

Hiç çocuğunuz var mı?
Evet var.
Bir işiniz var mı?
Hayır, yok.

Kocamın adı Marco.
Üniversitede çalışıyor.
İstanbul'a yakın bir köyde yaşıyoruz.
İki çocuğumuz var.
Onlar öğrenci.
Selin yedi yaşında – ilkokulda.
Mert on iki yaşında – ortaokulda.
Selin okulu seviyor ama Mert sevmiyor.
Ben Mert'in okulunda matematik öğretiyorum.
Okul saat dokuzda başlıyor ve üçte bitiyor.

(Track 7)
What I do, pp. 16–17
Sen ne iş yapıyorsun?
Ben gazeteciyim.
Ben fotoğrafçıyım.
Ben doktorum.
Ben hemşireyim.
Ben öğretmenim.
Ben sekreterim.
Ben polis memuruyum.

Biz pazarlamacıyız.
Sen bankacısın.
O politikacıdır.
O eğitimcidir.

Ben bir hastanede çalışıyorum.
Ben okulda çalışıyorum.
Ben bir şirkette çalışıyorum.
Ben bir restoranda çalışıyorum.

Çalışıyor musunuz?
Ben işsizim.
Ben iş sahibiyim.
Ben emekliyim.
Ben öğrenciyim.
Ben avukatım.

İşinizi seviyor musunuz?
Evet, seviyorum.
Evet çok seviyorum. İşim gerçekten ilginç.
İşim pek ilginç değil.
Hayır, hiç sevmiyorum.

Unit 3

(Track 9)
Asking about places, pp. 18–19
Yaşadığım yerde, bir sinema, …
bir yüzme havuzu, …
bir okul …
ve otobüs durağı var.
Kütüphane ya da metro durağı yok.
Hiç gece kulübü yok.

Müze çok yakında.
Süpermarket oldukça uzakta.
Otel, belediyenin karşısında.
Banka, marketin yanındadır.
Postane, sinema ile otoparkın arasındadır.

Affedersiniz, burada postane var mı?
Evet, var.
Hayır, yok.

Yakın bir yerde tuvalet var mı?
Evet, var.
Hayır, yok.

Uzak mı?
Oldukça yakın.
Yürüyerek iki dakika.
Yardımınız için teşekkür ederim.
Bir şey değil.

(Track 10)
Asking for directions, pp. 20–21
Affedersiniz.
Tren istasyonuna nasıl gidilir?
Sağa dönün.

Doğru gidin.
Sağdan ilk yola dönün.
Soldan ikinci yola dönün.
Kavşağı geçin.
Düz gidin.
Sola sapın.
Köprüyü geçin.
Sağda.
Solda.
Köşede.
Yolun sonunda.

Özür dilerim. Anlayamadım.
Tekrar eder misiniz, lütfen?
Daha yavaş konuşur musunuz, lütfen?

Teşekkür ederim.
Çok teşekkür ederim.
Teşekkürler.
Sağ olun.

Bir şey değil.
Önemli değil.
Hiç önemli değil.

Ne kadar uzak?
Yürüyerek beş dakika.
Arabayla on dakika.
Otobüsle yirmi dakika.

(Track 12)
How I travel, pp. 22–23
Bisikletle giderim.
Otobüsle giderim.
Trenle giderim.
Arabayla giderim.
Uçakla giderim.
Yayan giderim.
Yürüyerek / Yayan giderim.

20, 30, 40, 50, 60, 70, 80, 90, 100
21, 32, 43, 54, 65, 76

Affedersiniz.
Bu otobüs Taksim'e gider mi?
Hayır, bu otobüs Sarıyer'e gider.
Hangi otobüs Taksim'e gider?
TK5 numaralı otobüse binebilirsiniz.
Affedersiniz.
Bu Kapalı Çarşı hattı mı?
Evet, buradan Kapalı Çarşı'ya gidebilirsiniz.
Eminönü hattına binmeniz gerek.
Eminönü durağında inmeniz gerek.

Beyazıt hattına binin.
Beyazıt Meydanı durağında inin.

Unit 4
(Track 13)
Buying food, pp. 24–25
Biraz elma almak istiyorum, lütfen.
Biraz pirinç almak istiyorum, lütfen.
Bir şişe meyve suyu ve bir paket cips, lütfen.
Bir kilo elma
Yarım kilo üzüm
250 gr. Peynir

Bir paket bisküvi
Bir paket çikolata
Bir kutu çilek
Bir karton süt
Bir şişe su
Bir tavuk

149, 200, 350, 490, 1000, 1425

Portakal suyu var mı?
Ne almak istersiniz?
Yarım kilo üzüm alacağım.
Biraz da elma, lütfen.
Ne kadar istersiniz?
Şunlardan dört tane.
Başka bir şey?
Evet – kek, lütfen.
Kaç tane istersiniz?
Bir tane, lütfen
Hepsi bu kadar mı?
Evet, bu kadar. Teşekkür ederim.
Hepsi sekiz-yetmiş beş.
Hepsi sekiz lira, yetmiş beş kuruş.

(Track 15)
Buying clothes, pp. 26–27
Turuncu bir şort
Bir çift beyaz spor ayakkabı
Bir çift mavi çorap
Beyaz bir tişört
Pembe bir etek
Mavi bir ceket
Yeşil bir pantolon
Kot pantolon

küçük
çok küçük!
aşırı küçük!
büyük
çok büyük!

aşırı büyük!
Bedeniniz kaç?
38 beden.
38 beden var mı?
Çok yakıştı.
Çok beğendim.
Bir çift ayakkabı bakıyorum.
Yardım eder misiniz, lütfen?
Maviyi görebilir miyim, lütfen?
Onu deneyebilir miyim?
Bunu alıyorum, teşekkür ederim.

(Track 16)
Buying presents, pp. 28–29
Bu bir hediye
ilginç bir kitap
pahalı bir şişe şarap
şirin bir kolye
kullanışlı bir kol saati
iyi CD
lezzetli bir kutu çikolata
hoş bir oyuncak

Yeşil şapka ucuz.
Ama kırmızı olan daha ucuz.
Bir oyuncak, bir çantadan daha hoş.
Bir saat, bir kolyeden daha kullanışlıdır.

Bu kolye çok güzel.
Şu kitap çok ilginç.
O CD çok iyi.
Bu oyuncaklar pahalı.
Şu kalemler çok kullanışlı.
O elbiseler ucuz.

Bu kaç lira?
Şu ucuz mu?
Bu çok güzel.
O çok sıkıcı.
Bunları tercih ederim.
Onlar nasıl?
Şunları beğendin mi?
Onları deneyebilir miyim?

Unit 5
(Track 18)
Getting information, pp. 32–33
Pazartesi, Salı, Çarşamba, Perşembe, Cuma, Cumartesi
Pazar
Pazartesi günleri, Salı günleri

Salı günleri alışveriş yaparım.
Pazar günleri dinlenirsin.

Cumartesi günleri sinemaya gider.
Cuma günleri arkadaşlarımla görüşürüz.

Yabancı dil sınıfları ile ilgili arıyorum.
İspanyolca ile ilgileniyorum.
Ne zaman başlıyor?
Ücreti ne kadar?
Bu çok iyi. Çok teşekkür ederim.

Saat kaç?
Saat üç.
Saat yedi.
Saat altıda başlar ve dokuzda biter.
Alo, orası Karel koleji mi?
Evet, öyle.
İspanyolca kursu için arıyorum.

Alo, Bora bey ile mi görüşüyorum?
Hayır, değil.
Özür dilerim, yanlış numara.

(Track 19)
Booking a place, pp. 34–35
Ocak, Şubat, Mart
Nisan, Mayıs, Haziran
Temmuz, Ağustos, Eylül
Ekim, Kasım, Aralık
Bugün Ocağın biri.
Doğum günüm Martta.
Temmuzda bir kursa başlıyorum.

Saat kaç?
İkiyi beş geçiyor.
Üçü çeyrek geçiyor.
Beş buçuk.
Altıya yirmi beş var.
Yediye çeyrek var.
Sekize on var.
Saat dokuz.

Oryantal dans kursunuz için arıyorum.
Hangi günler?
Saat kaçta?
Boş yer var mı?
Hiç bilmiyorum – bu sorun olur mu?
Bir yer ayırtabilir miyim, lütfen?

Ocağın birinde.
Şubatın onunda.
Mayısın on dördünde.

(Track 20)
Giving details, pp. 36–37
A B C Ç D E F G Ğ H I İ J K L
M N O Ö P R S Ş T U Ü V Y Z

Oğlum için kayıt yaptırmak
istiyorum.
İleri seviyedeki sınıflarda.
Bilgi almam gerekli.
Oğlunuzun adı nedir?
Kaan Tuğlu
Heceler misiniz, lütfen?
Ka – an – Tuğ – lu.
Kaç yaşında?
On üç yaşında.
Telefon numaranızı söyler
misiniz?
Kurs ayın 22'sinde saat dört
otuzda başlıyor, öyle mi?
Evet, doğru.

Unit 6

(Track 22)
Travelling by train, pp. 38–39
10.30'da Ankara'da olmam
gerekiyor.
Bir tarife var mı?
Saat 8 gibi kalkacak tren
var mı?
Bir sonraki tren kaçta?
Ne zaman kalkar?
Hangi perondan kalkar?
Yol ne kadar sürer?
Ne zaman varır?
Aktarma yapmalı mıyım?
Ankara'ya bir bilet lütfen.
İndirim uygulamanız var mı?
Var, indirim kartınız lütfen.
Hangi perondan kalkıyor?
10 numaralı peron.
Bu Ankara treni mi?
Bu bilet bu trende geçerli mi?

(Track 23)
At the airport, pp. 40–41
Hafta sonu için İtalya'ya
gidiyorum.
O doğrudan Roma'ya uçacak.
Ben onu orada karşılayacağım
Bu hafta sonu ne yapıyor-
sunuz?
Bir şeyler içmek için bir kaç
arkadaşla buluşacağız.
Yarın futbol oynayacağım.
Yarın akşam sinemaya
gideceğiz.

Pasaportunuzu görebilir miyim?
İşte, buyurun.
Yalnızca bir valizim var.
Bunu el çantası olarak yanıma
alacağım.
Valizinizi kendiniz mi
hazırladınız?
Evet, öyle.
Valizimi kendim hazırladım.
Pencere tarafı mı, koridor mu?
Pencere, lütfen.
İyi yolculuklar!
Teşekkür ederim.

Affedersiniz, şehir merkezine
otobüs veya tren var mı?
Otobüs durağı ne# nerededir?
Bir tarife var mı?
Kapalı Çarşı'ya kadar taksi
ücreti ne kadar tutar?

(Track 24)
Making a booking, pp. 42–43
Bir oda ayırtmak istiyorum,
lütfen.
Kasımın 9'undan 12'sine kadar.
Çift kişilik, duşlu bir oda.
Dört kişilik, banyolu bir oda.
Tek kişilik, süit oda.
Kaç lira?
Kahvaltı dahil mi?
Odayı tutuyorum.

Bu akşam için bir masa
ayırtmak istiyorum.
Cumartesi için.
Altı kişilik.
Saat 7.30 gibi uygun mu?
8.30 uygun.
Adım Patty Millar.

Kaç gece için?
5 gece için.
Ücret ne kadar?
Bir gece altmış lira.
Bir devresi dört yüz lira.

Unit 7

(Track 26)
Visiting a friend, pp. 44–45
Bana kahve içmeye gelir
misiniz?
Sağ ol – sevinirim!
Üzgünüm, gelemem.

Kahve mi, çay mı seversiniz?
Lütfen bisküvileri kendiniz alın.
Biraz daha kek ister misiniz?
Biraz daha çay?

Ben kahve alayım, lütfen.
Ben çay alabilir miyim, lütfen?
Evet, lütfen . . . Çok lezzetli!
Teşekkür ederim.
Hayır, sağ ol. Yeterli

İçecek bir şey getireyim mi?
Ne istersin?
Ben bir bardak kırmızı şarap
alayım.
Ya sen?
Yalnızca bir bardak su
alacağım.

(Track 28)
Ordering in a café, pp. 46–47
Ben acıktım.
O çok susadı.
Çok üşüdüm.
Terledim.
Gerçekten çok yoruldum.

Mönüyü görebilir miyiz, lütfen?
Sen ne alıyorsun?
Kahve ve bir sandviç alacağım,
sanırım.
Ya sen?
Karar veremiyorum.
Çikolatalı keke ne dersin?
Evet, çok iyi olur.

Bakar mısınız, lütfen!
Elbette, buyurun.
Bir kahve rica ediyorum.
Teşekkür ederim.

(Track 29)
Ordering in a restaurant,
pp. 48–49
Saat 8.30 için bir masa
ayırtmıştım.
Patty Millar adına.
Evet, buradan buyurun, lütfen.

Günün spesiyali nedir?
Çoban salatanın içinde ne var?
İçinde et var mı?
Soğanlı ve biberli, lütfen.
Bibersiz, lütfen.

Başlangıç için ben limonlu
piyaz alacağım.
Bir bira ve bir şişe su alalım,
lütfen.
Ben köfte ve yanında pilav
alacağım.
Kahve var mı?
İki Türk kahvesi, lütfen – bir
tanesi sade.
Hesabı alabilir miyiz, lütfen?

Unit 8

(Track 30)
In my free time, pp. 50–51
Boş zamanlarında ne yaparsın?
Konsere giderim.
Bisikletle gezmeye giderim.
Piyano çalarım.
Gitar çalarım.
Dans etmeye giderim.
Alışverişe giderim.
Satranç oynarım.
Tenis oynarım.

Pazartesi günleri alışverişe
giderim.
Akşamları televizyon izlerim.
Pazar sabahları geç saate
kadar uyurum.
Haftada iki kez yüzmeye
giderim.
Her akşam kitap okurum.
Her Cumartesi yemeğe giderim.
Ayda üç kez ailemi ziyaret
ederim.
Günde iki kez jimnastik
yaparım.

Ne zaman alışverişe gidersin?
Pazartesi günleri.
Ne sıklıkta yüzmeye gidersin?
Haftada iki kez.

(Track 31)
Talking about what I like,
pp. 52–53
Severim.
Gerçekten severim.
Hoşlanırım.
İlgilenmem.
Sevmem.
Hiç sevmem.
Hiç hoşlanmam.
Hiç izlemem.

Televizyonda ne izlemeyi
seversin?
Ne tür bir film?
Bu akşam ne izlemek istersin?
Televizyonda ne var?
Yarışma programı ne zaman?
Müzik programı saat kaçta?
Bu akşam en sevdiğim film var.
O film gerçekten ilginç.
Oldukça eğlenceli bir program.
Reklamlar gerçekten çok sıkıcı.
Oldukça ilginç bir belgesel.

Bu tür filmleri gerçekten sevmiyorum.
Bazen tiyatro izlerim – eğer eğlenceli olursa.
Yine mi futbol! Ben kesinlikle izlemem.
Bence çok sıkıcı!
Belgeselleri, polisiye filmlere tercih ederim.
Ben de – ama yunuslar hakkındaki belgeselleri değil.
Haberleri her zaman izlerim.
Hava durumunu bazen izlerim.
Dizileri hiç izlemem.

(Track 33)
What I like doing, pp. 54–55
Her türlü havada, alışverişe gitmeyi severim.
Yağmur yağarken, DVD izlemeyi severim.
Hava güneşliyken, kırda yürüyüşe gitmeyi severim.
Kar yağarken, evde oturmayı ve kitap okumayı severim.

Yarın ne yapacağız?
Eğer hava rüzgarlı olursa, yürüyüşe gideceğiz.
Eğer hava soğuk olursa, tenis oynamayacağım.
Hafta sonu sıcak olursa, plaja gideceğim.

Unit 9

(Track 35)
I don't feel well, pp. 58–59
Bir göz
İki göz
Gözler
Diş
Üç diş
Dişler
Saç
Saçlar

Kendini nasıl hissediyorsun?
İyi hissetmiyorum.

Omuzum ağrıyor.
Başım ağrıyor.
Boğazım ağrıyor.
Dişim ağrıyor.

Kolum acıyor.
Parmağım acıyor.
Bacağım acıyor.
Ayak parmağım acıyor.

Nasılsın?
Hastayım.
Nezle oldum.
Ateşim var.
Midem bulanıyor.
Başım dönüyor.
Titriyorum.

(Track 36)
At the chemist's, pp. 60–61
Hastayım.
Bir ilaç önerir misiniz, lütfen?
Belirtiler nelerdir?
Başım ağrıyor.
Kendimi çok yorgun hissediyorum.
Boğazım da ağrıyor.
Dört günden beri.
Size bu ilacı veriyorum.
Dinlenmenizi öneririm.
Bu hapları günde üç kere alın.
Bol su için.
Alkollü içki içmeyin.
Bir doktordan randevu alın.
Böcek ısırığı için bir şey var mı?
Kocam için.
Elini böcek ısırmış.
Eli oldukça şiş ve kaşıntılı.

Bir kutu aspirin alabilir miyim, lütfen?
Bir şişe öksürük şurubu alabilir miyim?
Nezle için bir ilaç önerir misiniz, lütfen?
Yara bandı var mı?
Sargı bezi alayım, lütfen.

(Track 38)
At the doctor's, p. 62-63
Bir randevu rica ediyorum, lütfen.
Kızım için bir randevu alabilir miyim?
Eğer mümkünse, bugün için.
Yarın uygun mu?
Perşembe günü için.
Cuma günü başka bir işiniz var mı?
Bu çok iyi olur.

Boğazım çok acıyor.
Ne zamandan beri acıyor?
Pazartesiden beri.
Kendimi hep yorgun hissediyorum.
Size bir antibiyotik yazacağım.
Hapları ne sıklıkta almam

gerekir?
Günde üç kez yemeklerden sonra almanız gerek.
Bu kremi hafta boyunca kullanmalısınız.

Bir hafta boyunca dinlenmelisiniz.
Dinlenmeniz gerekir.
Bunları her gün almalısınız.

Unit 10

(Track 40)
Finding out about a job, pp. 64–65
İyi bir iş arıyorum.
İyi bir iş buldum.
Seyahat etme olanağı var mı?
Yurt dışına gitme olanağı var mı?
Yabancı dilimi kullanma fırsatı var.
Paris'i görme fırsatım olacak.

Eskiden işimi severdim.
Şimdi daha ilginç bir iş arıyorum.
Eskiden Paris'te yaşardım.
Şimdi İstanbul'da yaşıyorum.

Benim adım Bora Kayalı.
Tur rehberi ilanınız için arıyorum.
Hürriyet gazetesindeki ilanınız.
Oldukça ilginç görünüyor.
Bu iş hakkında daha detaylı bilgi verebilir misiniz?

Tur rehberi olarak deneyimim yok.
Çok iyi Fransızca biliyorum.
Biraz İspanyolca biliyorum.
Öğretmen olarak çalışırdım.
Grupların organizasyonu konusunda deneyimim var.
Seyahat etmeyi gerçekten severim.

Teniste oldukça iyiyim.
Fransızcada çok kötü değilim.
İtalyancam çok iyi değil.
Yüzmede çok iyiyim.
Şarkı söyleyebilirim ama çok iyi değil.

(Track 41)
Applying for a job, pp. 66–67
İki ay için Fas'a gittim.

Danışman olarak çalıştım.
Avrupa'da dört ay geçirdim.
Görsel tasarım görevindeydim.
Yirmi kişilik bir grupla çalıştım.
Tüm Avrupa'yı dolaştık.
Daha önceleri Fransızca öğretirdim.

İş başvurusunu geçen hafta gönderdin mi?
Evet, gönderdim.
Hayır, göndermedim.
Mektupta ne yazdın?
Mesajında ne dedin?
Seyahat etmeyi çok istediğimi yazdım.
Rehberlikte deneyimim olduğunu söyledim.
İspanya'ya gitmek istediğimi belirttim.

O partide miydi?
Evet, öyle.
Evet, partideydi.
Sen evde miydin?
Hayır, değildim.
Hayır, evde değildim.
Onu gördün mü?

(Track 42)
At an interview, pp. 68–69
Pazarlama sertifikam var.
Hukuk diplomam var.
Psikoloji diplomam var.
Fransızcam çok akıcıdır.
İngilizcem iyidir.
Bir takımın parçası olarak uyumlu çalışırım.
Problemlerin üstesinden gelebilirim.
Müşteri ilişkilerinde iyiyim.
Patronum tatildeyken, mağazayı yönettim.
Altı ay İngilizce öğrettim.
Sürücü ehliyetim var.
Yurt dışında çalışma olanağı hoşuma gider.

Seyahat etmeyi seviyorum.
Fransızcamı ve İspanyolcamı kullanma olanağı hoşuma gidecek.
Genç insanlarla çalışmayı severim ve bu konuda oldukça iyiyim.
Üniversitede Fransızca eğitimi gördüm.
Bir yıl Paris'te pratik kurslarına katıldım.
Hiçbir sorunum olmadı.

Öğretmeyi severim.
Pek fazla seyahat fırsatım
olmadı.
İşimi değiştirdim ve sonra pek
çok farklı yere seyahat
edebildim.

Fotoğrafçı olmadan önce, iki yıl
öğretmenlik yaptım.
Fotoğrafçı olduktan sonra, çok
seyahat ettim.
İşimi değiştirdikten sonra,
İspanya'ya gittim.

Pazartesiden önce, İstanbul'a
gittim.
Cumartesiden sonra,
arkadaşımı ziyaret ettim.
Saat üç'ten önce, sinemaya
gittik.
Şubattan sonra, tatile
çıkacağım.

Unit 11

(Track 44)
Returning something,
pp. 70–71
Bu kolye ile ilgili bir sorun var.
Bu ayakkabılar ile ilgili sorun
var.
Bu hatalı ve çalışmıyor
Bu kırık.
Bir delik var.
Bu çok küçük.
Bu çok büyük.
Bir parça eksik.
Bir düğme yok.

Bunları iade etmek istiyorum.
Makbuz burada.
Hediye olarak almıştım.
Makbuzu kaybettim.
Birkaç gün önce satın aldım.
Beyoğlu caddesindeki
mağazanızdan geçen hafta
aldım.

Acaba bunu değiştirebilir
miyim?
Bunları iade edebilir miyim?
Para iadesi alabilir miyim?

Saatim bozuk, tamir
ettireceğim.
Bu bozuktu, tamir ettirdim.
Odam boyandı.
Evi boyatacağız.

Çantam tamir edildi.
Evimiz boyandı.
Anahtarlarım çalındı.
Valizim kayboldu.
Pantolonum yıkandı.
Odam temizlendi.

(Track 46)
Reporting a loss, pp. 72–73
Bavulumu kaybettim.
Cüzdanımı kaybettim.
Kredi kartım kayboldu.
El çantam çalındı.
Sırt çantam çalındı.

İçinde para, kredi kartı ve
sürücü ehliyeti vardı.
İçinde pasaportum, uçak biletim
ve seyahat çeklerim vardı.
İçinde anahtarlarım ve cep
telefonum vardı.

Kırmızı deri bir sırt çantası –
oldukça küçük.
Büyük, mavi bir çanta.
Trendeyken yanımdaydı.
Taksideyken yanımda yoktu.
Gazete bayisinde bırakmış
olabilirim.
Para ödemeye gittiğimde
yanımda yoktu.

Affedersiniz, kayıp bürosu
nerededir?
Danışma nerede?
Polis Merkezi nerede, biliyor
musunuz?

(Track 47)
Sorting out other problems,
pp. 74–75
11.20 İzmir otobüsüne bir bile-
tim var . . .
ama geciktim ve otobüsü
kaçırdım.
Bileti değiştirebilir miyim?
Bir sonraki otobüs ne zaman?
14.40 için bir bilet rica ediyo-
rum, lütfen.
Tekrar ödeme yapmalı mıyım?

Bir saattir bekliyorum.
Valizim henüz burada değil.
Nepal'den geldim.
Roma'da uçak değiştirdim.
Burada bir otelde iki hafta
kalacağım.

Bir saattir burada bekliyorum.
İki haftadır bu otelde kalıyorum.
Uzun süredir İstanbul'dayım
Saat 1'den beri, bekliyorum.
Geçen haftadan beri, tatildeyim.
Sen geldiğinden beri,
çalışıyorum.

Unit 12

(Track 48)
Sharing plans, pp. 76–77
geçen ilkbahar
bu sonbahar
gelecek yaz
kış boyunca
ilkbaharda
sonbaharda
yazın
kışın

İki hafta kadar Antalya'da
çalışacağım.
Ondan sonra, tatile çıkmayı
umuyorum.
İtalya'ya gitmeyi düşünüyorum.
Belki Macaristan'a gideceğim.
Çok pahalı bir yerde kalmak
istemiyorum.
Bu yaz bir yere gidiyor musun?
Nereye gidiyorsun?
Ya sen?
Kiminle?
Ne zaman gidebilirsin?
Ne zaman gideceksin?
Nerede kalırsın?
Nerede kalacaksın?
Nereye gideceksin?

(Track 49)
Future intentions, pp. 78–79
Kursumu bitirdiğim zaman,
yurt dışında çalışacağım.
Okulu bitirince, bir yıl
dinleneceğim.
Kırk yaşımdan önce milyoner
olacağım.
Çocuklarım okulu bitirince,
Afrika'da gönüllü olarak
çalışacağım.
Beş yıl içinde, kendi dükkanımı
açmak istiyorum.
Gelecek yıl bu zamanlar, satış
bölümünün yöneticisi olmak
istiyorum.

Eğer başarılı olursam, çok
zengin olurum.
Eğer terfi edersem, uzman
kadroya alınırım.
Eğer yeni bir iş bulamazsam,
ne yapacağımı bilmiyorum.

Çok çalışacağım ve üniversiteyi
bitireceğim.
Bir saattir bekliyorum ama tren
hala gelmedi.
Sinemaya gitmedim, çünkü çok
yoruldum.
Param çalındığı için, bilet
alamadım.
Yağmur yağmasına rağmen,
alışverişe gideceğiz.
Saat beş'ten önce tenis
oynayacağım.
Paris'e gittikten sonra, seni
arayacağım.
Eğer izin alırsam tatile
gideceğim.
Kar yağdığı zaman, Alp
dağlarında kayak yapacağız.

Wordlist

Aa
acımak
açık hava
etkinliği
ad/isim
affedersiniz
ağrı
ağrımak
aile
akıcı
aktarılmak
aktarma yapmak
allahaısmarladık
almak
ama
amca
ancak
anlamak
anne
anons etmek
aramak
aramak
arzu etmek
ateş
avukat
ayırtmak
ayrıntı
az sonra

Bb
baba
bakmak
bana
bana gelin
başı dönmek
başka bir yer
başlamak
başlangıç
başvurma
bebeği olmak
beceri
bedelsiz
beden
beğenmek
bekleme odası

beklemek
belirtiler
belirtmek
belki
benzemek
bırakmak
bilet
bilgi
bilgi vermek
bilgisayar
bilmek
biniş belgesi
binmek
bir bakayım
bir sonraki
biraz daha
bitirmek
bitmek
bol
boş
boş zaman
böcek ısırığı
bölge
bu
buluşmak
burada
buradan
buradan, lütfen
buyurun
büyükanne
büyükbaba

Cc
cadde
cennet

Çç
çağırmak
çalışmak
çift kişilik
çocuk
çok iyi olur
çok kötüyüm
çok önce
çok yoğun

Dd
daha
daha çabuk
dahil
dakika
danışman
davet etmek
dayı
değişme zamanı
değiştirmek
denemek
deneyim
deneyimli
deri sırt çantası
devam etmek
dışarı(ya)
çıkmak
dinlenmek
diploma
doğru
doğru gidin
doğru(dan)
dolu
dönmek
duş
duşlu
düzenlemek
düzenlenmek

Ee
eğer
eğer mümkünse
eğitim görmek
eğitim vermek
eğitmek
eğlenceli
eklemek
eksik
elbette
eleman
arayanlar
emekli
en sevilen
enişte
erkek çocuk

erkek kardeş
evde oturmak

Ff
fikrini
değiştirmek
fiş

Gg
gazete
gazete bayi
gazeteci
gecikmek
geç
geç kalmak
geçerli
geçmek
genç insan
gerçek
gerçekten
gerekmek
geri dönmek
getirmek
gibi
gidiş dönüş
gitmek
giyinme kabini
göndermek
görevinde
(olmak)
görmek
görünmek
görüşme
görüşürüz
götürmek
grip
güçlü
güle güle
gürültülü
güzel

Hh
hakkında
hala
halen
hangi

hap
hasta
hat
hava
hazır
hazır olmak
hazırlamak
hecelemek
hediye
hep
hepsi
hepsi bu kadar
mı
hepsinden çok
her
her havada
hesap almak
hiçbir şey
hissetmek
hoşçakal(ın)

Iı
ılık

İi
iade etmek
için
ilaç
ilan
ileri seviye
iletişim
ilgilenmek
ilginç
ilkokul
imzalamak
indirim
inmek
İstanbul Boğazı
istemek
iş
işadamı
işe yaramak
işsiz
iyi
iyi fikir

iyiyim
izlemek
izin almak

Kk

kaçırmak
kahvaltı
kale
kalkmak
kalmak
karar vermek
kardeş
karı ve koca
karşı
karşılamak
karşısında
katılmak
kayak yapmak
kazanmak
kendin
kendiniz
kesinlikle
kırda
kırlarda
kısa zamanda
kıyı/deniz kıyısı
kız
kız cocuk
kız kardeş
kızak kaymak
kim bilir
kimse
klips
kodlamak
konu
konuşmak
koridor
korku
korkunç
koy
köşe
köşede
kötü
kullanmak
kutu
kuyumcu
kuzen

Ll

lezzetli

Mm

mağaza
mangal yapmak
manzara
memur
mide
midesi bulanmak
mola

Nn

nasıl
nasıl gidilir
nasılsın(ız)
ne
ne dersin
ne kadar sürer
ne tür
ne zaman
istersem
nedir
nerede
nezle
not etmek

Oo

o kadar…ki
oğul
okumak
olmak
onaylanmak
ondan sonra
orada
ortaokul
oturmak

Öö

ödeme
ödemek
öğrenci
öğrenmek
öğretmek
önce
öyleyse
özellikle

özgeçmiş
para iadesi
almak

Pp

para üstü
parça
patron
pek çok
pek değil
peki
pencere
peron
plaj
porsiyon
randevu almak

Rr

reçete
rica etmek
rüzgarlı

Ss

sade (kahve)
sağ
sağda
sağlamak
sanmak
sapmak
satın almak
satmak
sefer
sevinmek
seviye
sevmek
seyretmek
sıcak
sınıf
sipariş
sipariş vermek
soğuk
soğuk algınlığı
soğuk almak
sol
solda
sonra
sonunda
sorun
sorun çözmek

söylemek
süre sonu

Şş

şanslı çift(ler)
şifre girmek
şiş ve kaşıntılı
şurada

Tt

tahriş olmak
takım
tamam
tamir etmek
tanışmak
tanıştığımıza
memnun oldum
tanıştığımıza
sevindim
tarif etmek
tarife
tatile çıkmak
tatlı
taze
tek kişilik
teşekkür etmek
tercih etmek
terfi etmek
teyze
tur rehberi
tuşlamak
tutmak

Uu

uçmak
unutmak
uygun
uyumak
uzak
ünlü
üst kat(ta)
üstesinden
gelmek
üzgünüm

Vv

var
varmak
veya

Yy

yabancı dil
yakın
yakında
yalnızca
yanma
yanında
yanıtlamak
yanlış
yararlanmak
yardım etmek
yarışma
yaşamak
yaşında
yat
yatmak
yayılmış
yazmak
yemek
yemek pişirmek
yemek yemek
yenge
yeni bir işi olmak
yer
yer almak
yeterli
yılbaşı
yine mi
yoğun olmak
yok
yol
yönetim
yunus
yurt dışı
yürümek
yürüyüş

Zz

zaman geçirmek
zengin olmak

Pronunciation Guide

Turkish Alphabet and Pronunciation Guide

The Turkish alphabet consists of 29 letters : 8 vowels
(**a, e, ı, i, o, ö, u, ü**) and 21 consonants. Turkish
spelling is phonetic. The same letter always indicates
the same sound. Each letter has exactly one associated sound which never changes.

LETTER	PRONUNCIATION
A a	as **u** in "run"
B b	as in English
C c	as **g** in "gender"
D d	as in English
E e	as **e** in "get"
F f	as in English
G g	as **g** in "get", "go" (*)
Ğ ğ	soft g (**)
H h	as **h** in "hello"
I ı	as **io** in "nation"
	as **e** in "halted"
	as **u** in "measure"
	as **e** in "kitchen"
	as **e** in "open"
İ i	as **i** in "bit"
	as **ee** in "keen"
J j	as **s** in "measure"
	as **ge** in "garage"
K k	as **k** in "kitchen" (*)
	as **c** in "cook"
L l	as in English
M m	as in English
N n	as in English
O o	as **o** in "object"
	as **a** in "ball"
Ö ö	as **u** in "urge"
	as **eu** in French "peu"
	as **ö** in German "österreich"
P p	as in English
R r	as **r** in "rent"
S s	as **s** in "send"
Ş ş	as **sh** in "shade"
T t	as in English
U u	as **u** in "put"
	as **oo** in "book"
Ü ü	as **ü** in German "über"
V v	as in English
Y y	as **y** in "yes"
Z z	as in English

(*) When the letters **G** and **K** are preceded and
followed by a front vowel, they are followed by a
y-sound as in "angular" and "cure".

(**) Ğğ: Yumuşak g (Soft g)

When it is preceded and followed by **e, i, ö** or **ü** (front
vowels, formed in the front of the mouth), it sounds
approximately like the English **y** in "lawyer", as in
değil [*dayeel*]. If it is preceded and followed by **a, ı, o**
or **u** (back vowels, formed in the back of the mouth) or
it is word-final, it indicates that the preceding vowel is
lengthened, as in **dağ** [*daa*]. The **yumuşak g** never
begins a word.

Note that **Q**, **W** and **X** do not occur in the Turkish
alphabet.

The English alphabet does not have the following
letters which the Turkish alphabet contains:

Ç ç
I ı (the undotted i)
Note: The capital form of ' ı ' is ' I '. The capital form
of ' i ' is ' İ ' (the dotted i).
Ğ ğ
Ö ö
Ş ş
Ü ü

Stress

In Turkish words the stress is variable and depends
on the position of the word in the sentence. It normally falls on the last syllable except in place-names and
adverbs. In compound words the stress falls on the
last syllable of the first element.